Eric Favre

LE SAFRAN

OR DES PERSES

PRÉFACE DE VALÉRIE VRINAT

EDITIONS TERRE D'HOMMES

EDITIONS **TERRE D'HOMMES**
www.terredhommes.com
3, chemin du tremblay
69250 Albigny sur Saône
Tél.: 04 13 41 61 49

Direction éditoriale : Olivier CHANTREL

Toutes les copies d'œuvres protégées réalisées dans une entreprise, une administration, un établissement d'enseignement et de formation permanente, un copie-service, ou effectuées dans le cadre de l'exercice d'une profession libérale, sont soumises à l'autorisation du CFC. Il existe néanmoins des exceptions à la règle de l'autorisation. Elles sont prévues par l'article L. 122-5 du Code de la propriété intellectuelle :

• les reproductions strictement réservées à l'usage privé du copiste et non destinées à une utilisation collective. L'usage privé s'entend d'un usage personnel (non professionnel) ou dans le cadre du cercle de famille

Toute reproduction, représentation, par quelque moyen que ce soit, constituerait donc une compensation sanctionnée par les articles L.335-2 et suivants du code de la propriété intellectuelle.
ISBN : 978-2-917764-01-5 (dépôt légal septembre 2008).

DE L'ÉDITEUR AU LECTEUR :

Cher lecteur,

Avant de vous plonger dans la lecture de cet ouvrage, je souhaitais, aux travers de ces quelques lignes, vous faire part des raisons qui m'ont donné envie d'éditer ce livre.

Au commencement de cette aventure, une rencontre avec l'auteur, personnage haut en couleurs et aux multiples facettes. Un homme charismatique, passionné et dont le talent de phyto-nutritionniste m'avait été rapporté à de nombreuses reprises. Lors de notre première rencontre, nous avions évoqué la publication d'un ouvrage sur l'Or des Perses « le Safran ».

La plante, présente dans notre alimentation depuis des siècles, n'avait pas encore révélé toutes ses propriétés.

À la lecture du manuscrit, j'ai découvert l'origine du safran, voyagé avec lui à travers les siècles et pour terminer le périple, j'ai été transporté dans l'univers de la recherche scientifique prouvant ses effets spectaculaires sur notre santé.

Les vertus du Safran étaient pour moi insoupçonnées. Mais je dois le reconnaître aujourd'hui je suis convaincu, d'autant que j'ai poussé la vérification des propos du livre en consommant des produits à base de safran. Les résultats ne se sont pas fait attendre, conformes à ce que j'avais lu dans le manuscrit.

L'auteur a su dévoiler le secret, si bien gardé depuis des millénaires, de cette fleur à la robe délicate. L'ouvrage est un mélange subtil de botanique, d'histoire et de pharmacopée basée sur les stigmates du précieux crocus, ceci lui conférant une dimension pratique et culturelle.

J'espère, cher lecteur, que tout comme moi, ce livre vous enchantera et qu'il accompagnera votre route sur le chemin de la santé.

Bonne lecture.

Sommaire

    De l'éditeur aux lecteurs *7*

    Préface *13*

Chapitre 1 : A la découverte du safran **15**
    Etymologie *15*
    Botanique *16*
    La cueillette des fleurs *17*
    L'émondage *18*
    Le séchage *19*
    Les composants du safran *21*
    Propriétés et indications du safran *23*

Chapitre 2 : Le safran de l'Antiquité à nos jours **29**
    Le safran dans l'histoire de l'humanité *29*
    Le safran dans la médecine égyptienne : le papyrus d'Ebers *35*
    Le safran dans l'œuvre de Pline l'Ancien *39*
    Le safran dans la pharmacopée romaine *42*
    Le safran dans « De Medicamentis » de Marcellus Empiricus *46*
    Le safran, élément majeur de la Thériaque, authentique panacée *47*
    Le safran dans l'Encyclopédie de Diderot *55*

Chapitre 3 : Safran et Santé **61**
    Positiv mental, alternative naturelle aux antidépresseurs *61*
    Negativ calories, innovation mondiale dans la minceur *69*
    Souplesse / Flexibilité, pour retrouver son confort articulaire *73*
    Sexualité épanouie, la régulation de la dysfonction érectile *85*
    Anti-âge, frein du vieillissement de l'organisme *97*
    Complexe vitamines, 12 vitamines & 7 minéraux associés au safran *107*
    Slim détox, une boisson comme vous n'en avez jamais bu *115*
    Merveilleux Baume des Perses *123*
    L'élixir spagyrique de « Soi » *133*
    Safran et sevrage tabagique *135*
    Safran et cancer *137*

Chapitre 4 : Le safran, roi des épices **141**
    Extraits du « Viandier » de Taillevent *141*
    Les trois principales recettes de cuisine comportant du safran *152*
    Le safran, composant de l'Élixir de le Grande Chartreuse *157*

ANNEXE *161*

Etudes cliniques *162*

Remerciements *175*

Du même auteur *177*

Adresses Utiles *178*

« J'ai vu des beautés immenses et délicates
Dîné dans des palais éblouissants de capitales tribales
Et dormi entre le ciel et le sable du Takla Makan

Je me suis fait l'ambassadeur de rois guerriers
J'ai rencontré des Mongols aux points effroyables
Et des pêcheurs de perles mi-hommes mi-poissons

J'ai glissé mes mains sous des voiles interdits
Touché l'intouchable
Et vécu les nuits sublimes du Cantique des Cantiques

J'ai dompté des chevaux Kirghiz
Franchi le toit du monde et écouté le Dalaï-lama

J'ai coupé le santal de Mysore
Incisé le pavot d'Anatolie
Et broyé le safran du Madhya Pradesh

Je me suis enivré dans le jardin de roses du poète Saadi
J'ai tourné jusqu'au vertige avec les derviches de la corne d'or
Et volé comme un aigle avec un vieux chaman à moitié four

Je connais l'odeur du suint et du cuir, des palais et des temples
L'odeur de toutes les épices, l'odeur de tous les aphrodisiaques
Et celle de la peau des femmes et celle de la peau des hommes

Je suis riche, riche, incomparablement riche de ce que j'ai vécu ».

Yves Saint-Laurent
Poèmes écrits lors du lancement de son parfum « Opium »

PRÉFACE

LE SAFRAN DANS TOUS LES SENS

La cuisine ne se résumera jamais à un simple assemblage de saveurs plus ou moins judicieusement calculé. Elle est un art qui fait appel à un complexe dosage, susceptible de faire réagir les papilles, certes, mais elle suscite tellement d'autres sensations essentielles.

Le palais est évidemment très sollicité par le dégustateur. Les épices qui rehaussent le goût d'un plat, le corse, le modifie et l'affine sont d'autant d'armes à la disposition du cuisinier pour donner une part supplémentaire de caractère à un met. Armes à utiliser avec finesse tant il est vrai que le moindre abus peut dénaturer complètement le goût d'un plat, l'équilibre d'une recette.

Le safran n'échappe pas à ces règles mais, en plus, il participe à l'émerveillement de deux autres sens essentiels dans l'art culinaire : la force de l'odorat et le plaisir de l'oeil.

Le fumet d'un plat est le premier contact avec le convive. Il est donc déterminant dans l'appréciation que celui-ci portera à la recette. Cette odeur si caractéristique du safran doit être maitrisée avec soin. Elle apporte incontestablement des notes relevées à chaque création.

Le premier regard porté sur l'assiette ne doit jamais être négligé. Il fait aussi partie de ce premier contact essentiel. Cette magnifique couleur jaune orangé est un apport de gaieté et d'originalité pour nos chefs.

Fort de ses qualités éclectiques, le safran est présent dans les cuisines du Taillevent, tant en cuisine qu'en pâtisserie. Notre Chef, Alain Solivérès et notre Chef pâtissier, Arnaud Vodounou, ont appris à l'apprivoiser en l'intégrant par petites touches dans quelques recettes.

Son goût très caractéristique et marqué, sa couleur vive font du safran une épice à part, à la fois corsée et subtile. Cette épice particulière méritait sans aucun doute l'hommage d'un livre.

Valérie Vrinat – Taillevent - 2008

« Le Cydnus, descendant lentement du lieu où il a sa source, se répand sur un lit de sable ; aucun torrent ne vient, en s'y jetant, troubler la tranquillité de son cours ; et toujours pur, toujours frais à cause des épais ombrages qui bordent ses rives, il va jusqu'à la mer dans ce pays de la caverne de Typhon et de la forêt de Coryce où croît le **safran**. »

Quinte Curce
Extrait de « Histoires »

À LA DÉCOUVERTE DU SAFRAN...

ETYMOLOGIE

Le mot « *crocus* » est la transcription en latin du mot grec « *krokos* » qui signifie filament ou fil, mot qui a une origine assyrienne : « *kharkôm* ».
C'est l'origine étymologique choisie par Linné, en 1754, pour désigner cette plante en botanique du nom scientifique « Crocus sativus ».
Le mot « **safran** », lui, a une origine persane.

Un site des bords de l'Euphrate portait ce nom, il y a 4 300 ans :
« *za'farani* ». Littéralement, la *ville du safran*. Ce mot désignera ensuite la couleur jaune en persan.
Plusieurs mots de la langue persane comprennent cette racine : Sahafrân, Za'faran Za'afar
L'ancien empire Perse est donc bien le berceau du safran, raison pour laquelle j'ai baptisé cette épice magique : l'Or des Perses.

À titre indicatif, pour bien montrer l'universalité du safran et sa dispersion géographique, historique et culturelle, voici sous quel nom il est désigné aujourd'hui dans le monde :

Français : Safran
Anglais : Saffran
Allemand : Saffran
Espagnol : Azafran
Néerlandais : Saffraan
Portugais : Açafrao
Grec : Zafora
Chinois : Fan huong hua (épice), Xi hong hua (remède)

Hongrois : Füszersafrany
Polonais : Szafran
Estonien : Safrankrookus
Russe : Schafran
Arabe : Za'afran
Vietnamien : Nghe
Japonais : Safuran

J'ai volontairement terminé cette énumération par le Chinois qui, seul, différencie le safran en tant qu'épice et en tant que remède. Dans toutes les autres langues, le même mot désigne indifféremment le safran pour ses usages culinaires ou médicinaux.

BOTANIQUE

Le safran (*Crocus sativus*) est une plante bulbeuse monocotylédone appartenant à l'ordre des Liliales, famille des Iridacées, sous-famille des Crocoïdées.

Son bulbe, encore appelé « cornus », est arrondi sur le dessus, aplati en dessous, recouvert de plusieurs tuniques minces, scarieuses, fibreuses et nervées. L'enveloppe, brune, la plus externe du bulbe est appelée la « robe du safran ».

La plantation se fait au début de l'été, dans une terre ameublie, épierrée, la couche superficielle bien préparée et émiettée. Le safran aime les sols argilo-calcaires perméables et secs, car il végète mal dans les terres compactes siliceuses. Le sous-sol ne doit donc pas être humide et gras. La terre dans laquelle sont plantés les bulbes est nécessairement ensoleillée, sans l'ombre des arbres.
Le safran se plante en ligne, avec un espace de 50 cm entre chaque ligne, les bulbes étant espacés de 10 cm de proche en proche. Ils sont enfouis à une quinzaine de centimètres de profondeur. Pendant tout l'été, le safran est en dormance. Les bulbes accumulent alors les réserves nutritives. Et à la fin de l'été, le temps d'une nuit, les fleurs sortent de terre dans une gaine blanche protectrice, elle-même entourée de feuilles engainées dans une spathe fibreuse.

La fleur de safran est violette avec 6 divisions dressées (3 sépales et 3 pétales) soudées à la base en un tube long et mince, à gorge velue. Sur ce tube sont insérées trois étamines, chaque étamine portant une anthère en flèche, extorse, de couleur jaune, chargée de pollen. Les trois carpelles forment un ovaire adhérant à trois loges, à placentation axile.
Un long style grêle, filiforme, incolore et translucide, se divise à l'intérieur du calice en 3 stigmates écarlates, odorants, allongés, élargis en forme de cornet conique à leur extrémité et dentelés sur les bords, avec des papilles caractéristiques. Ce sont ces stigmates que l'on récolte et qui donneront le safran.
Au microscope, le stigmate montre, en section transversale, un parenchyme formé de cellules polygonales, sillonné de petits faisceaux conducteurs, bordé sur les deux faces par un épiderme recouvert d'une mince cuticule. En coupe longitudinale, les

cellules épidermiques sont allongées parallèlement à la longueur du stigmate et présentent, de face, une petite saillie en leur centre. Le sommet du stigmate montre des papilles tubulaires cylindriques allongées, arrondies à leur sommet.

À la fin de l'été, le matin, les safraniers sont à l'affût des fleurs qui sont sorties de terre pendant la nuit. Alors la récolte peut commencer.

LA CUEILLETTE DES FLEURS

La floraison des crocus, à la fin de l'été et au début de l'automne, dure une quinzaine de jours. Cette floraison survient, selon les années et la météo, entre le 15 septembre (jamais avant) et le 15 octobre, ou un peu plus tard certaines années. Contrairement à ce qui est parfois écrit, la cueillette des fleurs ne commence pas à l'aube car les matins d'automne sont généralement frais et humides et il faut attendre que la rosée du matin soit évaporée.

En Iran et au Cachemire, où le climat est continental, la cueillette commence vers 10 heures du matin. En Espagne, en Grèce ou chez nous en France, elle est un peu plus tardive, commençant vers 11 heures. Seuls les Marocains commencent plutôt le matin, car au Maroc la cueillette se fait traditionnellement à fleurs fermées, à l'inverse de tous les autres pays producteurs où l'on récolte les fleurs ouvertes.

L'impatience des safraniers est grande, à la fin de l'été, lorsque la période de floraison approche. Quand la terre se fissure, signe d'une intense maturation au sein des bulbes telle une vibration subtile, l'énergie alors concentrée dans la partie souterraine du crocus va se libérer avec l'émergence de la fleur, moment magique pour le safranier.

La cueillette nécessite beaucoup de délicatesse. Il ne faut surtout pas souiller les fleurs de terre avec un geste maladroit. Celles-ci ne doivent pas être arrachées en tirant dessus. Elles sont cueillies en saisissant la tige à l'endroit où elle sort de sa gaine, main pointée vers le bas remontant jusqu'à palper la corolle qui se trouve alors enveloppée dans la paume. Puis la tige est sectionnée net avec l'ongle et le pouce. La précision de ce geste conditionne la qualité du futur safran.
Le cueilleur collecte une petite dizaine de corolles dans le creux de sa main, puis, celle-ci étant pleine, il dépose délicatement le butin si précieux dans un panier d'osier qui a une forme originale : les bords du panier de safranier sont relevés de façon à protéger les fleurs du vent.

Quand le panier d'osier est plein, on verse son contenu dans un vaste panier rectangulaire, une hotte ou bien encore, selon les pays et les traditions, à même le sol, sur un drap étendu en bordure de la safranière.

Tout est délicat dans cette récolte. Pour ne pas écraser les fleurs avec les pieds, dès le premier jour de la cueillette on fait ce que l'on appelle en Gâtinais des « passées » : chaque ramasseur pose le pied sur le sol avec précaution entre les lignes de fleurs, et appuie suffisamment pour laisser une empreinte. Ensuite, chaque matin, pendant la quinzaine de jours que dure la récolte, il repose les pieds dans les mêmes empreintes afin de ne pas briser les boutons floraux encore en terre et que l'on ne voit pas. En général, le cueilleur enjambe trois lignes de fleurs à la fois.

Pendant les quelques jours de la floraison, il faut impérativement procéder à la récolte des fleurs chaque matin car lorsque celles-ci se sont épanouies, elles sont sensibles à l'action de l'air et de la lumière, facteurs de décoloration des stigmates et de diminution de leur parfum.

Le rendement de cette cueillette est très faible quant à la quantité de safran qui sera finalement obtenue à partir des fleurs récoltées. Il y a un consensus pour dire que 150 000 fleurs sont nécessaires pour obtenir 5 kilos de stigmates frais donnant après dessiccation 1 kilo de stigmates secs (SAFRAN). Ce faible rendement explique la rareté et le prix élevé du safran, bien plus cher que la truffe ou le caviar. Il mérite bien le patronyme que je lui ai personnellement dévolu : l'Or des Perses.

La main d'œuvre nombreuse et expérimentée nécessaire à l'émondage des fleurs est l'un des autres facteurs justifiant sa valeur inestimable.

L'ÉMONDAGE

Cueillir les fleurs de crocus est une chose, obtenir le safran en est une autre. Une fois les fleurs récoltées, il faut procéder à une opération nécessitant une minutie inouïe : l'émondage.

Cet émondage exige un doigté si agile que l'on a pu comparer la véritable « chorégraphie » manuelle des femmes qui émondent les fleurs de crocus à l'activité des dentellières. Car si les hommes effectuent le matin la cueillette des fleurs, ce sont les femmes qui procèdent à l'émondage, mères, grand-mères, filles, tantes, cousines, voisines… Chaque soir, pendant la quinzaine de jours que dure la récolte, elles font cercle autour de la table du safranier et se livrent à un rituel qui se transmet de génération en génération.

L'émondage consiste à séparer les 3 stigmates des autres organes de la fleur de crocus. Cet émondage (on dit aussi : épluchage) doit impérativement se faire le jour même de la récolte des fleurs, en fin d'après-midi et en soirée, à la veillée qui peut durer une grande partie de la nuit si la récolte a été bonne et s'il y a peu d'émondeuses.
L'émondeuse saisit une fleur d'une main, et son autre main opère. Elle commence par enlever un pétale pour mieux ouvrir la corolle. Les trois stigmates étant bien isolés, l'émondeuse doit alors les prélever en coupant le style qui les porte avec l'ongle du pouce s'appuyant sur l'index.

Cette opération est tout un « art » qui conditionne la valeur du safran à venir. En effet, l'émondeuse ne doit couper le style ni trop haut, ni trop bas. Trop haut, la masse de safran serait trop faible. Trop bas, la qualité du safran serait inférieure car il contiendrait une trop forte proportion de styles de moindre valeur.
Une fois les stigmates prélevés, les émondeuses jettent par terre la fleur et les étamines constituant le « jaune » alors que les 3 stigmates sont appelés « le rouge ». Dans une journée de travail, une émondeuse virtuose peut « éplucher » jusqu'à 10 000 fleurs !

Il était traditionnel, en Gâtinais, que chaque safranier récompense la meilleure émondeuse avec un louis d'or à la fin de la campagne.
Afin de mieux imaginer comment les choses se passaient autrefois, je ne peux résister au plaisir de citer un passage de l'ouvrage de J. Ursat publié en 1913, *Le safran du Gâtinais* :
« Les veillées se passent gaiement avec le maître de maison qui verse de temps en temps une rasade de vin blanc et distribue un gâteau appelé fouée. Les propos sont joyeux autour de la table. On s'échange les récits légendaires de la contrée. Lorsque la veillée se prolonge, on entonne des chansons pour ne pas céder au sommeil. Un petit réveillon offert par le safranier termine la veillée à la satisfaction générale. »

Les stigmates frais étant prélevés, il faut maintenant les faire sécher. Une autre opération commence alors, dans la continuité de la cueillette des fleurs et de l'émondage : le séchage.

LE SÉCHAGE

Le séchage des stigmates frais conditionne la quantité du safran à venir, son pouvoir aromatique, ses propriétés médicinales...

À l'instar de la cueillette et de l'émondage, ce séchage obéit donc lui aussi à un protocole bien précis, héritage de traditions séculaires. Imparfaitement secs, les stigmates se conservent mal car leur humidité est trop importante. À l'inverse, séchés trop brutalement, ils perdent une partie de leur arôme et leur composition moléculaire subit des modifications qui nuisent à son emploi en phytothérapie.

Le séchage des stigmates frais dure environ 45 minutes. Ni plus, ni moins.
Le lendemain de l'émondage, on dispose les stigmates frais sur un tamis en crin que l'on suspend sur une quarantaine de centimètres au-dessus d'un brasero alimenté de charbon de bois. Il est absolument nécessaire que cette source de chaleur naturelle soit simplement incandescente, sans flammes, sans dégagement de fumée. Les braises doivent dégager une température d'environ 60° au niveau du tamis de crin.
Les stigmates frais sont d'une telle fragilité qu'ils ne doivent pas être brûlés ou enfumés. Leur devenir de « bon » safran est à ce prix.
Le safranier utilise alors sa main qui lui sert de thermomètre, la chaleur devant être supportable, ni trop forte, ni trop faible (sinon, les stigmates ne sécheraient pas). Au bout d'une demi-heure, il retourne le contenu du tamis sur un plateau de bois puis il fait glisser la « galette » de stigmates à nouveau dans le tamis de façon à ce que son autre face soit au-dessus du foyer incandescent.

La seconde étape de ce séchage dure seulement une quinzaine de minutes. La fin de l'opération se juge tout à la fois à l'œil, à l'odeur et au toucher : tous les sens du safranier sont en éveil.
En aucun cas les stigmates ne doivent brunir, signe que le séchage serait trop brutal ou la température trop élevée. Il ne doit pas non plus se dégager une odeur piquante, autre signe d'un séchage inapproprié trop excessif.

Au bout de 45 minutes (30 d'un côté, 15 de l'autre), le safranier prélève quelques stigmates. Ils doivent être parfaitement raides (preuve que l'eau s'est évaporée), légers et cassants. La dessiccation n'est pas une simple évaporation de l'eau contenue dans les stigmates frais. C'est une déshydratation qui induit de complexes réactions chimiques : au fur et à mesure que les molécules d'eau s'évaporent, les molécules spécifiques de la plante sont réorganisées avec une concentration en crocine et en safranal.

La dessiccation des stigmates leur fait perdre 4/5e de leur poids. Ainsi, 500 g de stigmates frais donnent 100 g de ce que l'on peut désormais appeler SAFRAN. Ces chiffres justifient encore une fois le coût du safran.

Pour préserver les propriétés organoleptiques et thérapeutiques du safran, il convient, après le séchage, de le conserver dans de bonnes conditions. Il s'altérerait alors et perdrait tout intérêt. Pour cela, il doit impérativement être conservé à l'abri de la lumière et de l'humidité. Il est de tradition de le conserver dans de petits coffrets en bois qui ressemblent aux anciens plumiers d'écoliers. Ce bois est généralement du chêne. Le bois résineux est à proscrire afin de préserver les huiles essentielles volatiles du safran.

Le coffret contenant le safran est tel un coffret à bijoux. Le safran est bien un authentique BIJOU. DE L'OR. L'OR DES PERSES.

LES COMPOSANTS IDENTIFIÉS DANS LE SAFRAN

Cela semble difficile à croire, et pourtant c'est bien la vérité : on a identifié plus de 150 molécules différentes dans le safran !

Pour certains composants, je cite entre parenthèses la nomenclature IUPAC qui est le système international pour nommer les composés chimiques d'une substance. Elle est développée et mise à jour sous les auspices de l'Union Internationale de Chimie Pure et Appliquée (UICPA).*International Union of Pure and Applied Chemistry* en anglais (IUPAC)

- Le **safranal** (2,6,6 triméthylcyclohexo-1,3-dièn-1-carboxaldéhyde) est une huile volatile qui donne au safran une grande part de ses propriétés médicinales. Il s'agit d'un aldéhyde. Le safranal peut composer plus de 50 % de la fraction volatile du safran sec.

- La **crocine** (ester di-ß-D-gentiobiosyl) est un caroténoïde qui donne au safran son arôme et sa couleur, ainsi que les deux autres molécules caroténoïdes, suivantes, spécifiques du safran.

- La **crocétine** (acide 8,8-diapo-8,8-caroténoïque) caroténoïde.

- La **picrocrocine** (4-ß-D-glucopyranosyloxy-2,6,6-triméthylcyclohex-1-ène-1-carboxaldéhyde) caroténoïde.

- Autres caroténoïdes présents dans le safran :
    - **Alpha carotène**
    - **Bêta carotène**
    - **Zéaxanthine**
    - **Lycopène**
- Flavonoïdes
    - **Cinéol**
    - **Lutéolol**
- Phytostérols
    - **Phytoène**
    - **Phytofluène**

Cette signature moléculaire identitaire (safranal, crocine, crocétine, picrocrocine) explique sans nul doute les phénoménales propriétés organoleptiques et thérapeutiques du safran.

Mais on peut également constater l'extrême concentration du safran en caroténoïdes, ce qui lui donne sa couleur et son arôme.

PROPRIÉTÉS ET INDICATIONS DU SAFRAN

Je terminerai cette première partie du livre en évoquant les propriétés et les indications du safran découlant de la spécificité thérapeutique de molécules actives citées au chapitre précédent.

Propriétés	Indications
• antidépresseur	• dépression nerveuse • fragilité émotionnelle • stress • anxiété • angoisse • manque de sommeil
• régulateur de la satiété en cas de surcharge pondérale	• excès pondéral
• stimulant	• asthénie • fatigue générale, physique et mentale • surmenage • perte de mémoire
• tonique	• manque de tonus • manque d'énergie • pratique sportive (entraînement, compétition, récupération)
• revitalisant	• terrain infectieux
• aphrodisiaque	• impuissance masculine • frigidité féminine
• antispasmodique	• tension nerveuse
• antalgique • analgésique	• douleur menstruelle
• anti-inflammatoire	• douleur articulaire
• tonique digestif	• paresse digestive
• tonique hépatique	• paresse hépatique
• immunostimulant	• immunodépression
• hypoglycémiant	• excès de triglycérides
• hypocholestérolémiant	• excès de cholestérol • diabète non insulinodépendant • prévention des accidents cardio-vasculaires
• antioxydant • anti-radicalaire	• vieillissement prématuré ou accéléré de l'organisme • sevrage tabagique

NB : comme nous le verrons, le safran faisait partie de la célèbre **Thériaque**, remède universel ayant fonction de panacée, capable de guérir tous les maux. Le safran était également un ingrédient de l'**Elixir de Longue Vie** dont le nom se passe de commentaires.

Vous trouverez en **annexe** à la fin de l'ouvrage les études cliniques concernant le safran effectuées dans le monde entier : États-Unis, Japon, Chine, Inde, Australie, Iran, Mexique, Espagne, Italie, Grèce, Royaume-Uni, Allemagne... et aujourd'hui en France*, à mon initiative, cette étude ayant donné lieu au dépôt d'un brevet avec l'intitulé :

« Agent de satiété pour la prise en charge de la surcharge pondérale ».

* Etude clinique réalisée en 2007, randomisée, en double aveugle, d'une durée de 8 semaines, concernant 61 femmes de 24 à 45 ans en surpoids sujettes aux grignotages compulsifs, dont vous trouverez les conclusions au chapitre « Negative calories » sur le premier complément alimentaire psycho-satiétant naturel, authentique coupe-faim sérotoninergique.

AUTHENTICITÉ - TRAÇABILITÉ - QUALITÉ :

Pour l'élaboration des produits de ma gamme **ERIC FAVRE WELLNESS**, j'utilise exclusivement du safran issu de cultures propres, en partenariat, selon les normes. ISO 3632-2, 930, 941, 1871, 5498.

Ce safran de haute qualité est garanti :

- sans additifs
- sans colorants
- sans traces de pesticides
- sans traces d'allergènes
- conserver à l'abri de l'humidité et de la lumière
- titré en molécules identitaires spécifiques du safran :
    - safranal
    - crocine
    - crocétine
    - picrocrocine

En plus de la **Thériaque** à laquelle je consacre le chapitre qu'elle mérite, le safran entre dans la composition de plusieurs remèdes traditionnels :

« Eôs au péplos couleur **safran** sortit des flots d'Okéanos pour porter la lumière aux Immortels et aux hommes. Thétis parvint aux nefs avec les présents du Dieu et trouva son fils bien-aimé entourant de ses bras Patroklos. »

Homère
Extrait de « L'Iliade »

LE SAFRAN DE L'ANTIQUITÉ À NOS JOURS

LE SAFRAN DANS L'HISTOIRE DE L'HUMANITÉ

Bien des légendes concernent l'origine du safran tant cette fleur énigmatique a toujours excité la curiosité des hommes.

C'est la mythologie romaine qui nous offre la plus envoûtante de ces légendes. Selon les Romains, le safran serait né, en effet, des étreintes charnelles de Jupiter et de Junon. En tout lieu de la nature où ils s'aimèrent, de la semence mâle se répandit sur le sol, donnant ensuite naissance à des crocus générant le safran.
Il est vrai que la mythologie grecque avait précédemment montré la voie de cette relation du safran à l'amour : pour attirer Zeus dans son lit, la belle Héra parsemait les draps de pistils de safran…Voilà un symbole attaché au safran, celui de l'amour et de la volupté.
De même, il y a 2600 ans, sur l'île de Lesbos, les amantes de la poétesse grecque Sapho se parfumaient le corps d'onguent à base de safran et de cannelle, senteurs chaudes et aphrodisiaques.

Ces origines légendaires du safran sont chargées de mystères, mais ce qui est sûr, c'est que le safran a des racines historiques multimillénaires, à la fois comme épice majeure de l'art culinaire, précieuse plante médicinale, matière tinctoriale essentielle, élément important de la palette des parfumeurs…

Au néolithique, quand l'homme nomade, cueilleur et chasseur, se sédentarisa, il devint agriculteur et éleveur. Il semble alors que le premier usage qu'il fit des épices eut un caractère divin, culte voué à la Terre Mère, cherchant à concilier les Hommes avec les forces des éléments et de la nature grâce au parfum de certaines plantes aromatiques qu'il faisait brûler, dont la myrrhe, l'encens, le cèdre et le safran…

Puis ces plantes destinées à se rapprocher des forces invisibles eurent d'autres destinations : se nourrir, panser ses plaies et guérir la fièvre.

Les vestiges archéologiques semblent bien indiquer que l'usage du safran est apparu dans l'empire Perse achéménide qui reliait entre eux les pays grecs, égyptiens, lydiens, mésopotamiens et indiens.
Les Perses faisaient partie à l'origine des tribus qui migrèrent dans la région de l'Iran actuel, venues des plaines du sud de la Russie. À son apogée, l'empire Perse partait des rives de l'Indus, traversait le Proche-Orient, gagnait la côte orientale de la Méditerranée, s'étendait le long du Nil jusqu'au sud de l'Égypte, au Soudan, traversait l'Anatolie et englobait la Thrace et la Macédoine.

Du Nil à l'Euphrate, vers le IIIe millénaire avant Jésus-Christ, des tablettes en terre cuite gravées de signes cunéiformes des origines de l'écriture révèlent que l'on utilisait alors le safran perse, l'encens de la corne d'Afrique, le nard, la cannelle et le santal de la Mer d'Aden, l'ambre et le girofle de Zanzibar, la myrrhe du mystérieux royaume de Saba.
Les premières traces du safran se situent à l'époque de l'empereur Sargon d'Akkad en Mésopotamie, vers 2300 avant Jésus-Christ, dans les vestiges de l'empire perse sur les rives fertiles du Tigre et de l'Euphrate où se développèrent les civilisations sumérienne et assyrienne.
Ces tablettes cunéiformes indiquent que les épices comme le safran, le cumin, la coriandre et la cannelle étaient utilisés aussi bien pour relever le goût des mets que pour leurs propriétés médicinales.
L'un de ces documents écrits sur la terre cuite, datant de 2000 avant Jésus-Christ, informe que le roi Zohac aimait la cuisine assaisonnée au safran et à l'eau de rose.

Les filaments de safran étaient utilisés par les Perses dans leur nourriture pour une autre raison : ils lui attribuaient des vertus aphrodisiaques. Cet usage sur la stimulation sexuelle du safran est une constante dans l'histoire.
Dans la Perse ancienne, le safran était cultivé dans les régions de Derbena et d'Isfahan comme en témoignent les filaments de safran tissés dans les tapis royaux et les linceuls funéraires de cette région. Le safran était alors utilisé par les Perses lors des rituels d'offrandes aux divinités. Il était également employé comme colorant jaune, comme parfum et comme remède médicinal.
Ainsi, pour atténuer les brûlures du soleil, le safran était mélangé à du bois de santal dans l'eau du bain des thermes. De même, des filaments de safran étaient dispersés sur le lit des personnes souffrant de ce que l'on appelait alors la « mélancolie ».
Je le développe par la suite, l'expérimentation contemporaine valide cet ancien usage du temps des Perses puisque le safran est aujourd'hui considéré comme une

authentique alternative naturelle aux antidépresseurs, contenant une molécule qui inhibe la recapture de la sérotonine, ce qui lui confère les mêmes propriétés que le médicament de référence, le Prozac, sans en avoir les effets secondaires.

Je reviendrai bien sûr longuement sur ce sujet, mais je ne peux m'empêcher, dans ce chapitre dédié aux origines de l'utilisation des stigmates du crocus, d'indiquer que les Perses, intuitivement, avait connaissance de cette propriété antidépressive qu'ils utilisaient pour soigner « la mélancolie » !

La culture du safran se développa ensuite dans l'actuelle Turquie, autour de la cité de Safranbolu, et aujourd'hui, encore chaque année, cette ville organise un festival lors de la récolte du safran à l'automne.

La civilisation assyrienne, au temps de l'empereur Assourbanipal, faisait un double usage culinaire et médicinal de ce safran. Les Assyriens organisaient chaque année une procession, culte rendu à la floraison du safran qu'ils considéraient comme magique. Une jeune vierge cueillait des fleurs. Les prêtres prélevaient les stigmates et les dispersaient en surface du Tigre. Selon les volutes dessinées sur l'eau par le safran, ils interprétaient le destin du peuple pour l'année à venir.

Chez les Phéniciens, la nuit de noces se passait dans des draps teintés de safran afin de stimuler l'ardeur de l'homme et la fécondité de l'épouse. On retrouve ce symbole à la même époque chez les Hébreux, Salomon comparant son épouse, le jour de son mariage, à un jardin de safran.

De même, à Carthage, la jeune mariée se couvrait le visage avec un voile teinté de safran.

Les Babyloniens fabriquaient une pommade au safran qui avait un double usage, embellir la femme et soigner les plaies, cicatriser les blessures.

Chez les Sumériens, il était d'usage, lors des cérémonies religieuses, de brûler des stigmates de safran pour purifier des sanctuaires.

Une fresque de la civilisation minoenne d'Akrotiri, sur l'île égéenne de Santorin, représente de petites touffes de safran ramassées par deux femmes.

Une autre fresque de ce même site d'Akrotiri montre des fleurs venant d'être cueillies déposées au sol par des jeunes filles. Ces fresques ont été datées de 1600-1500 avant Jésus-Christ et sur l'une d'elles on voit une femme qui utilise du safran pour soigner un pied blessé.

Dans l'Égypte Ptolémaïque, Cléopâtre incorporait du safran dans ses bains pour ses propriétés adoucissantes. Ce même safran servait à épicer les plats qui étaient servis à ses partenaires sexuels successifs pour ses vertus aphrodisiaques afin d'assouvir le grand appétit de la reine en la matière.

Les femmes égyptiennes maquillaient leurs yeux avec un « khôl » obtenu en broyant de la poudre d'antimoine, du safran et des clous de girofle.

La précieuse poudre de safran entrait également dans la composition du fameux kyphi. C'est ainsi qu'on appelait une préparation aromatique, s'apparentant à un parfum solide, servant d'encens.
Elle était obtenue en mélangeant la myrrhe, la cardamone, le galanga, le mastic, la cannelle, le benjoin, le safran, la rose de Damas, le lemon-grass, la racine d'acore, le genévrier, l'oliban, le bois de santal, la résine, le jonc odorant, le fenugrec, la pistache, les fleurs de genêt … et une cinquantaine d'autres ingrédients. Pour préparer le kyphi, les substances étaient broyées au mortier, puis pétries avec du miel. La masse était ensuite triturée entre les paumes des mains et étendue sur un linge en vue de son séchage.

Il était brûlé tel l'encens et répandait un parfum aromatique doux ayant un effet relaxant. Les Égyptiens disaient que, brûler le soir, le kyphi effaçait les soucis de la journée. Plutarque écrivit : « Le kyphi apporte le sommeil et apaise l'anxiété ». Il était brûlé également en l'honneur du Dieu vénéré « Râ ». Cette préparation, conservée dans des vases en albâtre, servait aussi à la fabrication d'onguent appliqué sur la peau à des fins cosmétiques ou thérapeutiques. L'un des plaisirs suprêmes des Égyptiennes était de faire brûler un petit cône de ce « kyphi » pour parfumer leurs cheveux et leur corps.

Les guérisseurs égyptiens de cette époque utilisaient le safran pour soigner les maux d'estomac et les problèmes intestinaux. Ce traitement se composait de safran mixé avec de la graisse de bœuf, de la coriandre et de la myrrhe. Cela constituait un onguent servant à préparer un cataplasme devant être appliqué à même le corps. En cas de problèmes urinaires, ces médecins préconisaient une macération de safran dans de l'huile dans laquelle ils ajoutaient des grains de haricots grillés.

À cette époque, en Orient, le stigmate du crocus avait un usage culinaire axé sur la sexualité, pour stimuler la virilité masculine et le désir féminin, en l'incorporant au plat, aux gâteaux, aux boissons (thé au safran), mais aussi un usage dans la purification, la protection contre les infections et l'apaisement des douleurs, en particulier les maux d'estomac et les souffrances liées à la menstruation féminine.

« En Égypte ancienne, les parfums servaient à désinfecter la maison autant qu'à assouplir la peau, à soigner les maladies autant qu'à célébrer les fêtes, à honorer les morts autant qu'à conquérir sa promise » écrit Geneviève Pierrot, conservateur au département des antiquités égyptiennes au musée du Louvre.

Cette première partie sur l'usage du safran dans l'Antiquité est développée dans les chapitres suivants consacrés au célèbre « Papyrus d'Ebers », à Pline l'Ancien, Celse, Marcellus Empiricus et à la Thériaque.

Depuis le XIVe siècle avant Jésus-Christ, les bateaux amenaient les denrées précieuses par la mer d'Oman et le golfe persique, puis par caravanes jusqu'à Tyr, au sud de Beyrouth, carrefour du monde antique. Hérodote (484-420 avant Jésus-Christ), historien grec, donna des informations précises sur les routes allant de la mer Caspienne à l'Inde en passant par la Perse. Cette route partait de Chine, traversait les déserts et les cols de Pamir, puis les oasis du Turkestan et de l'Empire Parthe, franchissant l'Euphrate pour arriver à Antioche, capitale de la Syrie où l'on venait chercher les précieuses marchandises. Une autre route, mi-terrestre mi-maritime, passait par le Golfe Persique et la Mésopotamie pour atteindre Pétra et Palmyre.

Puis la grande aventure grecque qui s'étendit jusqu'aux frontières de la Perse achéménide et au bassin de l'Indus à travers les voix frayées par Alexandre le Grand en 326 avant Jésus-Christ permit d'ouvrir le commerce vers l'Occident. Alexandrie, fondée par le conquérant, sur le delta du Nil devint la plus grande ville portuaire de son temps et le carrefour de l'Orient et de l'Occident. Les idées s'y échangeaient autant que les marchandises. Les épices, la soie et les parfums venaient d'Orient sur des felouques élancées, jonques de haute mer, boutres mais aussi par caravanes de chameaux ou de dromadaires. Le poivre, la cannelle, la muscade et le safran firent la fortune des ports d'Arabie et de la mer Rouge.

Au Moyen Âge, la culture du safran et son commerce se développèrent plus encore, géographiquement, car sa consommation augmenta.

Les croisés rapportèrent des épices nouvelles, dont le safran, plantées dans les jardins des monastères et des demeures royales, servant à la fois aux préparations médicinales et culinaires. Les rois et les seigneurs s'approvisionnaient à prix d'or à Gênes et à Venise. Épices, perles et pierres précieuses, porcelaine, soie, coton, mousseline, broderies, parfums et onguents transitaient par les ports de la Méditerranée, puis étaient revendus au centuple de leur valeur.

À la Renaissance, l'essor des villes et le faste des cours royales suscitèrent un attrait accru pour ces denrées précieuses. Les femmes italiennes adoptèrent le safran en le mélangeant à du citron pour s'enduire la chevelure de ce mélange avant de l'exposer longuement au soleil afin d'obtenir la fameuse couleur « blond vénitien ».

À cette époque, les connaissances dans le domaine des mathématiques, de l'astrologie, de la médecine et de la pharmacopée s'approfondirent. Le safran fut utilisé dans de nombreux remèdes.

Au XVe puis XVIe siècle, les conquistadors, comme Vasco de Gama navigateur portugais dont la devise était « Pour le Christ et pour les épices », s'approprièrent le monopole du commerce des épices, mais cela ne dura pas. Les Hollandais devinrent « les maîtres des épices » à leur tour. Ils firent monter les prix de façon extravagante, au point que l'on chercha par tous les moyens à détourner en partie ce commerce.

Pour donner une idée de l'attrait pour les épices au XVIIe siècle, les Parisiens consommaient plus de 4 tonnes de clous de girofle par an. Celui-ci était à la base de l'élaboration d'une sauce au goût très relevé qui accompagnait les plats de viande et de gibier.

À ce sujet, permettez au Lyonnais que je suis, d'offrir une parenthèse pour évoquer un compatriote célèbre, Pierre Poivre (son nom semblait prédestiné), botaniste lyonnais, fils de soyeux.

Nommé intendant général de l'Île-de-France, aujourd'hui l'île Maurice, et soutenu par le ministre de la marine de Louis XV, le duc de Choiseul, Pierre Poivre, se vit confier une mission. Il devait se rendre sur les îles de l'archipel des Moluques où étaient cultivés les girofliers (îles de Ternate et d'Amboine, contrôlées par les hollandais), afin de voler des plans pour les transplanter sur nos propres îles de façon à pouvoir échapper à la VOC (Vereenidge Neederlandtsche Oostindishe Compagnie, en Français, Compagnie Hollandaise des Indes Orientales). Pour illustrer la puissance de la VOC, elle finançait une flotte de plusieurs centaines de navires, avec un personnel de plus de 100 000 personnes, pour des profits gigantesques, dignes de ceux des cartels de la drogue actuels. Une « mafia » avant l'heure, car pour acheter des clous de girofle, en Europe, on devait obligatoirement passer par la VOC, à des prix très élevés, hors de proportion avec leur valeur réelle. La mission de Pierre Poivre était délicate car les Hollandais punissaient de mort les trafiquants de plans de girofliers. Un premier voyage, en 1751, fut infructueux, à cause de la mousson. Il dut faire demi-tour. De retour en France en 1758, Pierre Poivre fut anobli par Louis XV et se retira à Lyon en pleine gloire sur son domaine familial de la Fréta.

La parenthèse sur cette épopée étant fermée, nous pouvons considérer la mesure de la valeur des épices à cette époque. La rareté du safran comparée à celle du clou de girofle laisse sous-entendre quel pouvait bien être son prix, alors !

Malgré le coût de l'épice qui valait une fortune, son utilisation dans la cuisine était très recherchée. Le livre de cuisine publié dès les premiers temps de l'imprimerie, le «Viandier» de Taillevent, témoigne de cet intérêt.

LE SAFRAN DANS LA MEDECINE EGYPTIENNE : LE PAPYRUS D'EBERS

L'extraordinaire document intitulé « papyrus d'Ebers » est le plus ancien traité de médecine qui nous soit parvenu de l'Antiquité. Il a vraisemblablement été rédigé entre 1500 et 1600 avant Jésus-Christ, sous le règne du pharaon Amenhotep Ier. Ce papyrus, vieux de 3500 ans, a été découvert par Edwin Smith à Louxor en 1862. Il fut acheté ensuite par l'égyptologue allemand Georg Ebers qui lui a donné son nom car c'est lui qui eut le mérite de décrypter les hiéroglyphes de ce précieux papyrus qui est actuellement conservé à la bibliothèque universitaire de Leipzig. C'est aussi le plus long document écrit de l'Égypte antique que l'on ait retrouvé, mesurant plus de 20 m de long sur 30 cm de large.

Véritable livre de médecine, il contient 877 paragraphes décrivant de nombreuses maladies et leurs prescriptions dans plusieurs branches de la médecine comme l'ophtalmologie, la gastro-entérologie, la gynécologie, ... La pharmacopée égyptienne de cette époque citée dans le papyrus d'Ebers concerne plus de 500 substances tirées du règne végétal : myrrhe, aloès, feuilles de ricin, safran, fleurs de lotus, extrait de lys, suc de pavot, huile de baumier, résine, larme d'encens, jusquiame, chanvre, suc d'acacia, ail, benjoin, fleur de camomille, coloquinte, cyprès, datte, figue, racine de gentiane, grenade, laurier, mélilot, menthe, moutarde, noix, oignon, pistache, ricin, rose...

Les différents modes d'administration des remèdes décrits dans ce document sont nombreux :
- tisane
- potion
- baume
- pommade
- collyre à appliquer à l'aide d'une « plume de vautour »
- emplâtre
- fumigation
- injection vaginale
- lavement ...

Lorsqu'ils sont ingérés, ces remèdes sont incorporés à du lait, de la bière douce, du vin de dattes ou du miel.

Ce papyrus d'Ebers qui signe incontestablement la présence de safran dans la pharmacopée égyptienne, il y a 3500 ans, en dit long sur l'ancienneté reconnue des vertus du stigmate du crocus.

Une dizaine d'écrits médicaux, datant de l'Égypte pharaonique, signalés jusqu'à ce jour, sont répertoriés :
- le papyrus d'Ebers, le plus ancien, le plus célèbre, le plus completle papyrus de Hearst
- le papyrus d'Heinrich Brugsch
- le papyrus de Kahum, qui mentionne une maladie « qui dévore les tissus ». Nous pouvons reconnaître bien sûr par cette dénomination le cancer !
- le papyrus de Chester Beatty
- le papyrus de Rubensohn
- le papyrus de Carlsberg
- le papyrus de Ramesseum
- le papyrus de Leyde
- le papyrus d'Edwin Smith, égyptologue qui découvrit le papyrus vendu à Ebers. Ce rouleau de 4,50 m de longueur est un véritable traité de pathologie interne et de chirurgie osseuse. Il recense 48 cas de blessures et de lésions et les thérapeutiques adaptées.

Je profite de ce chapitre pour donner quelques indications générales sur la médecine au temps de l'Égypte antique et pour laquelle nous avons à retenir un enseignement.

Imhotep, médecin légendaire de l'Antiquité égyptienne, vécut vers 2700 ans avant Jésus-Christ et fut le deuxième pharaon de la troisième dynastie, résidant à Memphis près de Djezer. Ce roi égyptien était tout à la fois chancelier, administrateur du palais, lecteur sacré, patron des scribes, magicien, guérisseur, grand prêtre d'Heliopolis, astronome et architecte. On lui doit la pyramide à degrés de Saqqarah ainsi que le temple d'Edfou. Imhotep est l'un des premiers grands noms de l'histoire de l'humanité réalisant la fusion de la médecine mythologique sacerdotale et praticienne. Il fut vénéré comme dieu guérisseur descendant du dieu Ptah. À ce titre, les Égyptiens lui dédièrent de nombreux temples à Memphis et à Thèbes, attestant de son influence dans la société égyptienne.

La transmission du savoir médical se faisait alors de père en fils, au sein de la même caste. Il n'existait pas à proprement parler d'écoles de Médecine, mais des « maisons de vie » où les jeunes praticiens pouvaient compléter l'enseignement paternel par la fréquentation de savants médecins, de scribes s'affairant à composer ou à recopier les écrits consacrés à la médecine. De ces ateliers sortiront les papyrus médicaux.

On distinguait trois types de praticiens :

Le *sinou* qui exerçait auprès des plus humbles et tirait ses connaissances de sa pratique empirique.

Le *ouabou*, prêtre exorciste attaché au culte de Thot, qui soignait les privilégiés. Sa médecine était fortement teintée de religiosité, car il tenait des dieux le pouvoir de guérir.

Le *saou*, à la fois magicien, sorcier et rebouteux, qui luttait contre les puissances invisibles à l'origine des maux représentés par des animaux s'attaquant à l'homme, tels le scorpion et les serpents.

Le clergé égyptien tolérait et même favorisait l'activité des médecins.
Magiciens et médecins n'étaient pas fondamentalement différents aux premiers temps. L'acte thérapeutique comportait simultanément une formule incantatoire et l'administration d'un remède. Puis, lorsque par expérience, on sut que le remède pouvait agir seul, sans recourir à une incantation, cette dernière ne fut plus utilisée que par tradition avant de disparaître.

L'historien grec Hérodote (484 - 420 avant Jésus-Christ) rapporta d'un voyage en Égypte :
« Chaque médecin soigne une maladie, non plusieurs. Les uns sont médecins pour les yeux, d'autres pour la tête, d'autres pour les dents, d'autres pour la région abdominale ou pour la gynécologie. »

Soucieux d'améliorer l'état sanitaire de la population, les médecins égyptiens préconisaient l'hygiène et l'usage fréquent du lavement. Jouissant d'une grande considération, ils ne percevaient pas d'honoraires mais une rémunération sous forme de nourriture. Les indigents bénéficiaient de soins gratuits.
L'examen du patient comportait la palpation, la percussion, la prise du pouls et l'auscultation selon l'interprétation que l'on donne à ce passage du papyrus d'Ebers : « L'oreille entend ce qui est au-dessous. »
Les Égyptiens distinguaient des affections curables et les affections d'évolution incertaine, à traiter, et les affections incurables ou fatales qui n'étaient pas traitées mais l'objet de prières et d'incantations. Les connaissances anatomiques et physiologiques étaient élémentaires. Les renseignements dont disposaient les médecins leur étaient apportés par les hommes chargés de pratiquer l'éviscération et l'embaumement des défunts. L'existence de vertèbres, de muscles, de tendons, de nerfs et du liquide céphalo-rachidien était connue.

Pour les Égyptiens, les poumons tenaient un rôle plus vital que le foie. Ils connaissaient l'importance du cœur et des vaisseaux dans la circulation sanguine, le pouls étant considéré comme « l'endroit où le cœur parle ». Les médecins égyptiens imaginaient comme principe de leur physiologie un réseau de vaisseaux sanguins analogue aux canaux d'irrigation du Nil. Partant du cœur, les conduits irriguaient toutes les parties de l'organisme, assurant aussi l'acheminement des éléments malsains, facteurs de douleurs, causant fièvres malignes et inflammations.

Plusieurs syndromes sont clairement identifiés dans le papyrus d'Ebers :
- les affections oculaires
- les dermatoses
- les métrites et autres affections gynécologiques
- les affections de l'anus (prurit, prolapsus)
- les troubles urinaires
- les dysenteries
- l'oppression d'origine pulmonaire ou cardiaque
- les tumeurs

L'examen des momies a permis de répertorier un assez grand nombre de pathologies existant à cette époque comme les caries dentaires, les lithiases, les rhumatismes infectieux, la tuberculose, la bilharziose et la poliomyélite.

Parmi les remèdes de cette médecine égyptienne il faut distinguer :
- les excréments répugnants : fiente de chien, urine d'âne…
- des produits étranges : sang de crocodile, poil de babouin, queue de truie, chair de lézard, infusion de scorpion…
- d'autres, d'origine animale également, utilisés par tradition : lait de femme ayant accouché d'un garçon, bile, graisse de porc ou d'oie, miel, mais aussi le foie, la cervelle et le sang d'animaux divers.
- d'autres d'origine minérale : chaux, sel d'antimoine, sel marin, sulfate de cuivre, oxyde de cuivre et de faire, poudre de lapis-lazuli…
- la plus grande partie, d'origine végétale : le papyrus d'Ebers en cite plus de 500, dont le safran

Nous avons ici la preuve que la médecine de l'Égypte antique est incroyablement riche d'enseignements !

LE SAFRAN DANS L'ŒUVRE DE PLINE L'ANCIEN

Pline l'Ancien (*Caius Plinius Secundus*) est un célèbre écrivain et naturaliste romain, auteur d'une monumentale encyclopédie intitulée « Histoire naturelle », comptant 37 volumes longtemps référencée en matière de connaissances scientifiques, dans laquelle le safran est omniprésent.

J'ai consacré un chapitre dédié à cet auteur qui n'est souvent cité que trop succinctement en ne dévoilant de son œuvre que le simple fait que « Pline l'Ancien en ait parlé dans l'Antiquité ». Il m'a semblé judicieux cette fois de citer des passages de ce document, vieux de 2000 ans, pour insister sur l'importance du safran dans l'histoire.

Pline l'Ancien naquit en 23 après Jésus-Christ à Novum Comum (Côme) et mourut en 79 à Stabies, près de Pompéi lors de l'éruption du Vésuve. Il adopta son neveu qui prit à sa mort, pour lui rendre hommage, le nom de Caius Plinius Caecilius Secundus (Pline le Jeune).
Arrivant à Rome sous Néron, l'écrivain devint l'ami de l'empereur Vespasien qui le nomma procurateur en Gaule narbonnaise puis en Hispanie (Espagne). Le 24 août 79, lors de l'éruption du Vésuve qui ensevelit Pompéi et Herculanum, il se trouvait à Misène. Voulant observer le phénomène au plus près et désirant porter secours à quelques-uns de ses amis en difficulté sur les plages de la baie de Naples, il partit avec une galère, traversant la baie jusqu'à Stabies où il mourut étouffé à l'âge de 56 ans.
Pline le Jeune écrira au sujet de son oncle :
« Il commençait à travailler avant l'aube. Il ne lisait rien sans en faire de résumé. Seule l'heure du bain l'exemptait d'étudier. En voyage, lorsqu'il était déchargé d'autres obligations, il se consacrait uniquement à l'étude. En bref, il considérait comme perdu le temps qui n'était pas consacré à l'étude. »

Dans son livre « Histoire naturelle », Pline commence par écrire sur la terre, le soleil, les planètes et les propriétés remarquables des éléments. De là, il passe à l'histoire des animaux terrestres, des poissons, des insectes et des oiseaux. La partie botanique qui suit est la plus considérable, d'autant que Pline énumère les remèdes dérivés des plantes (mais aussi des animaux et des minéraux), une authentique pharmacopée de l'époque romaine.
L'œuvre de Pline est une mine inépuisable de renseignements sur les cultures et les aliments. Pour exemple, le livre XIV de l'Histoire naturelle est consacré à la vigne et aux vins dans ses moindres détails, depuis les différentes espèces de vignes,

la nature du sol, le rôle que joue le climat, l'élaboration du vin, les différents vins d'Italie et d'autres pays connus depuis les temps les plus reculés, jusqu'à l'énumération des plus grands ivrognes de la Grèce et de Rome.

Il fournit également des renseignements précieux sur les plantes médicinales, les épices, les arbres fruitiers, les céréales, l'agriculture, le jardinage, l'apiculture, les fruits, les légumes…

Voici quelques extraits de l'encyclopédie de Pline où l'on retrouve le safran :

LIVRE VINGT ET UN

XVII « Le **safran** cultivé le plus recherché et celui de Cilicie, du monde Corycus ; au second rang et celui du mont Olympe en Lycie ; au troisième rang, celui de Centuripinum en Sicile. Il n'est rien qu'on falsifie autant.

On reconnaît qu'il est pur lorsqu'il craque sous la main qui le presse, comme s'il était friable ; en effet, quand il est humide, ce qui est dû à la falsification, il cède à la pression.

Le **safran** va merveilleusement avec le vin, et surtout avec le vin doux. Réduit en poudre, on s'en sert pour parfumer les théâtres.

La floraison a lieu lors du coucher des Pléiades, et elle dure peu de jours ; la feuille chasse la fleur. Il est verdoyant au solstice d'hiver, et on le récolte ; on le fait sécher à l'ombre, de préférence par un temps froid.

La racine est charnue, plus vivace que celle des autres plantes. Elle aime à être battue et foulée aux pieds, et elle n'en vient que mieux ; aussi le **safran** prospère-t-il surtout le long des sentiers et des fontaines.

Il était estimé au temps de la guerre de Troie ; du moins Homère fait-il mention de trois fleurs, le lotus, le **safran** et l'hyacinthe. »

XVIII « Les substances odorantes et par conséquent les herbes diffèrent par la couleur, l'odeur et le suc. Quelques fleurs ont une bonne odeur de loin, et de près n'en ont presque plus ; telle est la violette.

La rose fraîche a meilleure odeur de loin ; la rose sèche, de près. Toutes les fleurs ont une odeur plus pénétrante au printemps et le matin. Au fur et à mesure que s'approche l'heure de midi, l'odeur s'affaiblit.

Les fleurs des jeunes plantes sont aussi moins odorantes que celles des vieilles ; toutefois c'est dans l'âge intermédiaire que les fleurs ont le plus de parfum. La rose et le **safran** sont plus odorants quand on les récolte par un temps serein.

Au reste, tout est plus parfumé dans les contrées chaudes que dans les contrées froides ; en Égypte pourtant les fleurs sont très peu odorantes, parce que l'air y est brumeux et chargé de rosée, à cause du Nil.

Toutes les fleurs qui ont une odeur pénétrante ne sont pas sans suc : par exemple la violette, la rose, le **safran** ; mais celles qui, douées d'une odeur pénétrante, n'ont pas de suc, ont toute une odeur forte : par exemple les deux espèces de lis. L'aurone et la marjolaine ont des odeurs pénétrantes. Dans certaines plantes la fleur est suave.

Parmi les plantes de jardin, les plus odorantes sont les plantes sèches, telles que la rue, la menthe, l'ache ; il en est de même que celles qui croissent dans les lieux secs. Quelques fruits deviennent plus odorants en vieillissant ; tel est le coing.

Ces mêmes fruits, cueillis, le sont plus que sur l'arbre ; d'autres n'ont d'odeur que concassés ou froissés ; d'autres, que dépouillés de leur écorce. Certaines substances ne sont odorantes que brûlées, par exemple l'encens et la myrrhe.

Le **safran** se mêle très bien au vin ; il est très utile en médecine. On le garde dans des boites de corne.

Appliqué avec de l'œuf, le **safran** dissipe toutes les inflammations, mais surtout celles des yeux ; il dissipe les suffocations hystériques, les ulcérations de l'estomac, de la poitrine, des reins, du foie, du poumon et de la vessie ; il est particulièrement utile dans l'inflammation de ces parties, ainsi que dans la toux et la pleurésie.

Le **safran** guérit les démangeaisons ; il est diurétique.

Ceux qui auront bu préalablement du safran ne ressentiront pas la pesanteur de tête que cause le vin et résisteront à l'ivresse.

Une couronne de **safran** dissipe les fumées du vin.

Le **safran** émeut doucement la tête ; il est aphrodisiaque.

La fleur, réduite en liniment, s'applique sur l'érysipèle. Le **safran** entre dans la composition de plusieurs médicaments.

Il y a même un collyre qui lui doit son nom. L'onguent de safran, qu'on appelle crocomagma, est utilisé contre la cataracte ; il est diurétique ; le meilleur est celui qui, mit dans la bouche, laisse aux dents et à la salive la couleur du **safran**. »

Que de propriétés thérapeutiques sont citées par Pline l'Ancien !

LE SAFRAN DANS LA PHARMACOPÉE ROMAINE

En 1448, Gutenberg découvrit l'imprimerie. Trente ans plus tard, en 1478, le premier livre de médecine de l'histoire imprimé fut celui d' Aulus Cornelius Celsus qui écrivit le célèbre « De Medicina » au tout début du IIe siècle sous le règne de l'empereur Claude.

Les copies manuscrites de l'œuvre avaient perduré depuis l'Antiquité, tant l'ouvrage consignant les remèdes de l'époque romaine avait de la valeur pour les générations se succédant pendant plus de 100 ans. Ce traité de médecine romaine récapitule les connaissances accumulées depuis Hippocrate. C'est ainsi qu'Aulus Cornelius Celsus, surnommé Celse, fut appelé l'*Hippocrate latin*.

On connaît peu de choses de la vie de Celse sinon qu'il vient d'une grande famille de Vérone et qu'avant ce traité de médecine il avait écrit, sous le nom de « De Artibus », un ouvrage dont il ne reste aucune trace, vaste encyclopédie couvrant des domaines aussi variés que l'agriculture, l'art militaire, la rhétorique, la philosophie et la jurisprudence.

Dans son livre, Celse distingue :
- les maladies curables par le régime alimentaire (un grand précurseur de la diététique par conséquent)
- les maladies curables par les médicaments
- les maladies chroniques
- les maladies curables par l'art manuel (la chirurgie)
- les maladies générales
- les maladies localisées

Celse étudie avec soin les fièvres, la dysenterie infectieuse. Il évoque les maladies saisonnières et celles de ce qu'il appelle le *grand âge*. La pneumologie occupe une place importante dans son œuvre mais aussi le cancer pour lequel il consacre un chapitre. Il mentionne également les régimes alimentaires, ce qui est remarquable. En bref, ce livre est véritablement étonnant !

Je cite à présent les paragraphes de l'œuvre de Celse, « De Medicina » où le safran est évoqué. Au-delà de la terminologie de l'époque, tout à fait compréhensible dans cette traduction française, Celse ayant écrit en latin, et de certains ingrédients qui ne sont plus employés de nos jours, on découvre que le safran est très répandu dans cette pharmacopée romaine.

« **Contre les douleurs du foie** on se sert d'un onguent qui se compose de larmes de baume de costus, cinnamone, écorce de cassia, myrrhe, **safran**, jonc rond, iris d'Illyrie, cardamome, à quoi l'on ajoute onguent de nard en quantité suffisante pour avoir la consistance de cérat. Il faut l'employer récemment préparé. Pour le conserver, on prend térébenthine solide et cire qu'on broie en les mélangeant dans du vin.

Un remède pour amener le relâchement des parties resserrées ainsi que pour amollir celles qui sont dures et engorgées, est fait avec parties égales de jonc carré, de cardamome, de suie d'encens, d'amome, de cire et de résine liquide. L'onguent de Nilée remplit le même but. On prend du **safran**, gomme ammoniaque en larmes, cire, les substances sont broyées dans du vinaigre, la cire est liquéfiée par l'huile rosat, et le tout est mêlé ensemble.

L'onguent qui a la propriété de dissiper les écrouelles et de résoudre les tumeurs. On le prépare avec la myrrhe, le sel ammoniac, l'encens, la résine sèche et liquide, le **safran**, la cire, la pierre pyrite et l'on ajoute quelquefois du soufre.
Un des meilleurs emplâtres a pour ingrédients : myrrhe, **safran**, iris, propolis, bdellium, grain de grenade, alun rond et en morceaux, misy, chalcitis, vitriol bouilli, panax, sel ammoniac, gui, aristoloche, écaille de cuivre, térébenthine, cire, suif de taureau ou de bouc.

La composition suivante paraît avoir la **propriété d'expulser les calculs de la vessie en même temps que l'urine** : cassia, **safran**, myrrhe, costus, nard, cinnamome, réglisse, baume, hypericum, en parties égales qu'on doit broyer ensemble ; on verse ensuite du vin doux sur le mélange, on en forme des pastilles qu'on fait prendre à jeun tous les matins.

Les pessaires émollients se préparent avec un jaune d'œuf, du fenugrec, de l'huile de rosat et du safran mêlés ensemble ; ou bien on y fait entrer élatérium, sel, staphisaigre, avec le miel pour excipient. On peut employer aussi le pessaire de Boëthus ainsi formé : **safran**, térébenthine, myrrhe, huile rosat, suif de veau, cire. Mêler.

Contre l'inflammation de la matrice un des meilleurs pessaires est celui de Numénius, dont voici la composition : safran, cire, beurre, graisse d'oie, jaune d'œuf cuit, huile rosat moins d'un verre.

Pour réprimer doucement les chairs, s'opposer à la pourriture et l'empêcher de s'étendre, on prend du miel auquel on incorpore de la lentille, du marrube, des feuilles d'olivier, qu'on a fait bouillir auparavant dans du vin. Le pouliot bouilli dans de l'hydromel et ensuite écrasé, ou bien la chaux mélangée avec le cérat, remplit le même but, ainsi que la préparation noix amères mêlées avec ail et **safran**.

Les antidotes qui doivent remédier aux accidents les plus graves. Il est convenable de les administrer, si, par suite d'un coup ou d'une chute d'un lieu élevé, il y a quelque chose de brisé dans le corps, ou s'il existe des douleurs dans les viscères, les plèvres, la gorge, et les parties intérieures. Mais ils sont plus spécialement indiqués contre les poisons qui pénètrent dans l'économie par le fait d'une morsure, ou d'un mélange avec nos aliments ou nos boissons. Il y a un antidote qui renferme des substances suivantes : larme de pavot, acore, malobathrum, iris d'Illyrie, gomme, anis, nard des Gaules, feuille de rose sèche, cardamome, persil, trèfle, cannelle noire, ocre, bdellium, semence de balsamier, poivre blanc, styrax, myrrhe, opopanax, nard de Syrie, encens mâle, suc d'hypocyste, castoréum, costus, galbanum, résine térébenthine, **safran**, fleur de jonc rond, réglisse. Le miel ou le vin cuit sert d'excipient.

L'antidote de Mithridate est le plus célèbre. On rapporte que, grâce à l'usage journalier qu'il en faisait, ce prince sut se garantir de tous les poisons. On n'y trouve comme ingrédients : costus, acore, hypericum, gomme, sagapenum, suc d'acacia, iris d'Illyrie, cardamome, anis, nard des Gaules, racine de gentiane, feuille sèche de rose, larme de pavot, persil, cannelle, ocre, polium, poivre long, styrax, castoréum, encens, suc d'hypocyste, myrrhe, opopanax, feuilles de malobathrum, fleur de jonc rond, térébenthine, galbamiro, semence de carotte de Crète, nard, opobalsamum, sénevé, racine de Pont, **safran**, gingembre, cinnamome. Ces drogues sont pulvérisées et incorporées dans du miel ; comme contrepoison, on en prend la grosseur d'une noix grecque dans du vin ; dans les autres maladies, il suffira, selon leur nature, d'en donner la valeur d'une fève d'Égypte, ou d'une semence d'orobe.

On emploie dans l'insomnie : safran, anis, myrrhe, larme de pavot, semence de ciguë, ces substances, mêlées ensemble, ont le vin vieux pour excipient ; on en prend la grosseur d'une graine de lupin délayée dans trois verres d'eau. Il y aurait danger cependant à administrer ces pilules pendant la fièvre.

Guérir le foie : nitre, **safran**, myrrhe, nard des Gaules, le tout est incorporé dans du miel ; on en fait prendre gros comme une fève d'Égypte.

Pour enlever le point de côté : poivre, aristoloche, nard, myrrhe, **safran**, de chaque partie égale.

Contre les douleurs de poitrine : nard, encens, cassia, myrrhe, cinnamome, **safran**, térébenthine un quart, miel trois hémines.

Si la toux empêche de dormir, on a recours aux pilules d'Héraclide de Tarente, ainsi préparées : **safran**, myrrhe, poivre long, costus, galbanum, cinnamome, castoreum, larme de pavot.

Le remède contre la colique renferme comme ingrédients : **safran**, anis, persil, poivre long et rond, larme de pavot, jonc rond, myrrhe, nard, avec le miel pour excipient. On peut prendre ce médicament à l'état solide, ou délayé dans de l'eau chaude.

On combat la difficulté d'uriner avec les substances suivantes : poivre long, castoréum, myrrhe, galbanum, larme de pavot, **safran**, costus, de chaque une once : styrax et térébenthine deux onces, miel et absinthe de chaque un verre. En donner gros comme une fève d'Égypte le matin et après dîner.

Voici comment se prépare le remède contre les **maladies de la trachée** : cassia, iris, cinnamome, nard, myrrhe, encens, **safran**, grains de poivre. On fait bouillir le tout dans trois setiers de vin de raisins secs, jusqu'à consistance de miel. Ou bien on prend : **safran**, myrrhe, encens, mêlés dans la même quantité de vin, et traités ainsi par ébullition. On peut encore faire bouillir trois hémines de ce vin, jusqu'à ce que les gouttes qu'on en retire se durcissent, puis on ajoute de cassia.

L'affection que j'ai désignée sous le nom d'**érysipèle** ne se déclare pas seulement à la suite des blessures, mais se manifeste assez souvent sans ces lésions. Quelquefois même l'érysipèle présente alors plus de gravité, surtout quand il occupe la tête ou la région cervicale. Il faut dans ce cas tirer du sang si les forces le permettent, et employer ensuite des topiques à la fois répercussifs et réfrigérants, entre autres la céruse mêlée au suc de solanum, la terre cimolée délayée dans de l'eau de pluie, la farine détrempée dans la même eau, à laquelle on ajoute de la poudre de cyprès ; ou celle de lentille si le malade est d'une faible complexion. Le topique, quel qu'il soit, doit être recouvert d'une feuille de bette, et sur le tout il faut appliquer un linge trempé dans de l'eau froide. Si par eux-mêmes les réfrigérants n'ont pas assez d'efficacité, on pourra faire usage du mélange suivant : soufre, céruse et **safran**. Après avoir broyé ces substances dans du vin, on s'en sert en forme de liniment. Si la partie malade offre trop de dureté, on incorpore dans ce mélange des feuilles de solanum pilées, et l'on emploie ce liniment étendu sur un linge.

La gale est caractérisée par une dureté plus grande de la peau, accompagnée de rougeur et donnant naissance à des pustules dont les unes sont humides et les autres sèches. De quelques-unes il s'écoule de la sanie qui détermine une ulcération habituelle de la peau avec prurit, et le mal chez certaines personnes fait de rapides progrès. Les uns finissent par s'en débarrasser entièrement, et chez d'autres elle revient à des époques fixes de l'année. Plus il y a d'aspérités à la peau, plus la démangeaison est vive et plus l'affection est rebelle. À ce degré la gale est féroce. Un bon remède contre la gale, lorsqu'elle est récente, est la préparation suivante : tutie, **safran**, verdet, poivre blanc, verjus, ana, calamine.

Je souhaite que ces extraits, par leur lecture, aient suscité votre intérêt, car ils fourmillent d'observations et d'enseignement. De plus, il est remarquable d'observer que l'usage médicinal du safran ait traversé les siècles, mieux, les millénaires !

LE SAFRAN DANS « DE MEDICAMENTIS » DE MARCELLUS EMPIRICUS

Le plus célèbre médecin de l'époque gallo-romaine, Marcellus, surnommé l'Empirique, naquit à Bazas, près de Bordeaux, au milieu du IVe siècle. Nourri des œuvres de Galien et d'Hippocrate, il devint très érudit et sa renommée fut telle que l'empereur Théodose le Grand, dernier empereur de l'empire réunifié Romain et Byzantin, l'appela à sa cour alors qu'il résidait à Constantinople et y resta 19 ans, de 479 à 498, avec la charge de « Maître des offices », avant d'entreprendre au début du Ve siècle la rédaction d'une œuvre monumentale : « De Médicamentis ». Dans cette « somme » médicale, Marcellus l'Empirique consigna tous les remèdes connus de l'époque, d'origine végétale, animale et minérale.

L'extrait qui suit est passionnant quant à l'énumération des plantes médicinales composant ces remèdes vieux de 1500 ans. Vous constaterez en particulier dans la seconde énumération la présence de la propolis.

« Apprendrez à vous servir, après les avoir pilées et broyées, fraîchement cueillies ou desséchées dans un herbier, les plantes qui naissent dans nos jardins, telles que l'ail, le serpolet, la sarriette, le chou, le raifort, la chicorée aux longues feuilles, la menthe, le sénevé, la coriandre, le brocoli, la roquette, l'ache, la mauve, la bette, la rue, le nasitort, l'amère absinthe, le pouliot, le doux cumin, les dattes de l'Idumée, les prunes de Damas.

Après avoir longtemps soumis ces productions végétales à l'action de la meule d'un pressoir, faites-les cuire dans de grandes marmites ; mais ayez soin de découvrir le vase qui les contient, de peur que la vapeur ne soit retenue captive. Vous connaîtrez aussi les vertus des substances aromatiques qui nous viennent du levant, d'où s'exhale une odeur suave telle que l'encens, le coste, le folium, la myrrhe, le styrax, l'aspalathe, l'ellébore blanc et l'ellébore noir, le bitume, le nard, la cannelle, les amomes, le rare cinnamome, le baume, le peucédan, le spica-nard, le **safran**, le bdellium, l'iris, le castoréum, la squille, l'opium, la panacée, la résine, le passerage, l'euphorbe, le gith, le pyrèthre, le gingembre à la saveur chaude, le poivre mordant, le laser, l'agaric blanc, l'asarum, l'aloès, l'aconit, le galbanum, la sandaraque, la marjolaine, le psorique, l'alun, l'acacia, la propolis, l'écume de mer, le cnicus, l'acanthe, l'andrachne, la calangue, l'opoponax, le pompholyx, le souchet, le ladanum, le sagapenum, la gomme adragant, la scammonée, l'oignon, le malabathrum.

Ces diverses productions sont recueillies par les habitants de l'Inde, de l'Arabie, de la Sérique, de la **Perse**, de la riche Saba et des autres contrées qui voient naître le soleil et la lumière comme les régions arrosées par l'Oronte, ou des sources inconnues du Nil, en feuilles, rameaux, pellicules, écorces, tiges ; et les parfums de l'Idumée que Capoue voit arriver dans ses marchés, et tout ce que le commerce apporte sur les navires égyptiens pour le mettre à la disposition des médecins. »

Ce passage confirme bien l'utilisation du safran de Perse comme remède dans l'Antiquité.

LE SAFRAN, ELEMENT MAJEUR DE LA THERIAQUE, AUTHENTIQUE PANACEE

La Thériaque était un remède universel, réputé guérir tous les maux, dont la préparation figurait encore il y a un siècle, en 1908, dans l'édition de l'officine ou répertoire général de la pharmacie de Dorvault.
Le safran occupant une place de choix dans la Thériaque, je me devais de lui consacrer un chapitre.

C'est à Rome, au premier siècle, qu'Andromaque l'Ancien, médecin personnel de l'empereur Néron, composa un remède comprenant une soixantaine de produits, réputé protéger les morsures de bêtes venimeuses. Il sélectionna les produits servant à la fabrication de ce remède à partir de ce qu'avait initié Mithridate un siècle plus tôt.

Mithridate avait 11 ans quand son père, roi du Pont-Euxin, mourut, vraisemblablement empoisonné par son épouse. Craignant pour sa propre vie, il quitta sa mère et se réfugia auprès de paysans et de bergers qui l'initièrent aux propriétés des plantes et autres remèdes de la nature. Afin de se prémunir lui-même contre un possible empoisonnement, il eut l'idée géniale d'absorber chaque jour de toutes petites doses de plantes toxiques, comme la ciguë, tout en prenant simultanément un mélange de plantes ayant la réputation de neutraliser les poisons. Âgé de 18 ans, sa mère étant morte à son tour empoisonnée (on suppose par Mithridate pour venger son père), il revint au palais, monta sur le trône et épousa sa propre sœur ! Le remède « antipoison » de Mithridate acquit une telle réputation dans l'Antiquité qu'il fut adopté par toutes les cours riveraines de la Méditerranée aux fins de se préserver d'empoisonnements alors fréquents grâce à ce que l'on appela désormais la *mithridatisation*.

À chaque fabrication de cet antidote le contrôle de son efficacité était étonnant. On faisait absorber un drachme (3,824 grammes) de celui-ci à un coq de combat que l'on mettait face à une vipère. Quand le serpent avait mordu le coq, s'il résistait, le mélange était déclaré bon. Si le coq mourait, on jetait le remède et l'on recommençait.

Ce remède était utilisé contre les morsures de vipère et de scorpions, ainsi que pour cicatriser les blessures et par la suite, par extension, étant donné sa réputation, pour guérir tout problème de santé. On n'en faisait absorber chaque jour une drachme au malade et on l'appliquait également comme un cataplasme sur une blessure ou sur un organe malade.

Quand Andromaque l'Ancien devint médecin de Néron, les Romains aimant la belle vie, il ajouta à la formule de Mithridate de nombreuses plantes toniques et aphrodisiaques. Ce fut Criton, médecin de l'empereur Trajan, qui donna à ce remède le nom de « Thériaque », *theriakos* signifiant littéralement en grec « bon contre les bêtes sauvages ». Puis, Galien, médecin des empereurs Marc Aurèle puis Commode, la décrivit en détail telle que l'avait conçue Andromaque l'Ancien, et contribua à sa renommée extraordinaire.

Claude Galien, d'origine grecque, personnage illustre de l'histoire de la médecine et de la pharmacie, naquit en 131 à Pergame, en Asie Mineure, de père architecte et sénateur. Il étudia la philosophie et les mathématiques avant d'entreprendre des études médicales. À l'âge de 29 ans, il devint le médecin de l'école des gladiateurs de Pergame, où il fit merveille pour soigner les blessures survenues lors des combats. C'est alors que l'empereur Marc Aurèle l'appela à Rome pour faire face à la grave épidémie de peste appelée « peste antonine » qui sévit dans la capitale à partir de l'année 166. À la mort de l'empereur Marc Aurèle, il deviendra, jusqu'à sa propre mort en 201, le médecin de l'empereur Commode. Galien fut un des fondateurs de la médecine et de la pharmacie, un grand enseignant et un écrivain prolixe. On compte environ 500 ouvrages le concernant, mais seule une partie de son œuvre, représentant 83 traités, a traversé les siècles, à cause de l'incendie, en 192, du temple de la Paix bâti sous Vespasien où Galien donnait ses cours et avait sa bibliothèque.

En matière médicale, ce médecin s'est inspiré d'Hippocrate. Il étudia l'anatomie, la physiologie, l'hygiène et la préparation des remèdes. On parle aujourd'hui encore de forme « galénique » en hommage à Galien pour évoquer les différentes préparations de médicaments. Ce grand précurseur écrivit un traité sur l'hygiène « De l'hygiène » ou sur la diététique « Des propriétés des aliments ». Pour lui, comme pour la médecine chinoise, la physiologie humaine repose sur quatre éléments (air, terre, feu, eau) qui influent sur quatre humeurs (sang, bile, lymphe, atrabile). Il classe l'être humain selon des tempéraments : les chaleureux aimables qui sont les sanguins, et les lents apathiques qui sont les flegmatiques. Pour Galien, la maladie résulte du déséquilibre entre ces états.

Et c'est parce qu'il est considéré comme le véritable fondateur de la pharmacie, que le *Serment des apothicaires* datant de 1608 a été rebaptisé « *Serment de Galien* » au XXe siècle. Ce serment, à l'instar du serment d'Hippocrate des médecins, édicte les devoirs professionnels du pharmacien. Il est aujourd'hui encore prêté par les pharmaciens à la fin de leurs études en ces termes :

« Je jure, en présence des Maîtres de la Faculté, des Conseillers de l'Ordre des Pharmaciens et de mes Condisciples :

D'honorer ceux qui m'ont instruit dans les préceptes de mon art et de leur témoigner ma reconnaissance en restant fidèle à leur enseignement.

D'exercer, dans l'intérêt de la santé publique, ma profession avec conscience et de respecter non seulement la législation en vigueur, mais aussi les règles de l'honneur, de la probité et du désintéressement.

En aucun cas, je ne consentirai à utiliser mes connaissances et mon état pour corrompre les mœurs et favoriser des actes criminels.

Que les hommes m'accordent leur estime si je suis fidèle à mes promesses.

Que je sois couvert d'opprobre et méprisé de mes confrères si j'y manque. »

Bien plus tard, Avicenne (880 – 1037) donna ses lettres de noblesse à la Thériaque en l'indiquant pour :
- les piqûres de scorpions
- les morsures de serpents et de chiens enragés
- les empoisonnements
- les fièvres
- l'apoplexie
- les syncopes
- l'épilepsie
- les paralysies
- les idées démoniaques
- la folie
- la lettre
- la peste

On comprend le succès de ce remède ! Mais, dans un autre de ses écrits, Avicenne conseille également la Thériaque :
- pour stimuler l'appétit
- pour faciliter la respiration
- contre les palpitations
- pour arrêter les hémorragies
- pour faciliter le travail des reins et de la vessie
- pour aider à la dissolution des calculs rénaux et biliaires
- contre les nausées
- en cas de constipation
- en cas de migraine en compresses sur le front
- pour les troubles de la vue en compresses sur les yeux fermés
- pour les maux de dents
- pour les maux de gorge en gargarismes
- contre les vers
- sur les brûlures
- sur les bosses en cas de choc
- en cas d'insomnie
- en cas de « mélancolie »
- en cas de dépression
- en cas d'ivresse …

Le mot « panacée » évoqué à propos de la Thériaque est à propos.

Ce légendaire médecin arabe qu'était Avicenne s'appuya sur les enseignements d'Hippocrate et de Galien, en particulier en reprenant la théorie des quatre humeurs, mais il développa ce savoir grâce à une conception logique des affections et une approche très méthodique de la médecine. Il décrivit avec précision les symptômes des maladies, améliora l'art du diagnostic, la pratique clinique et les méthodes d'asepsie en isolant les contagieux à une époque où l'on pensait que la lèpre et la peste se transmettaient par le simple regard.

Abū 'Alī al-Husayn ibn 'Abd Allāh ibn Sīnā, dit Avicenne naquit le 7 août 980 à Afshéna (le pays du Soleil) dans la province de Khorasan en Perse. Il fut extrêmement précoce, manifestant très tôt son intérêt pour les sciences naturelles et la médecine. La tradition veut qu'à l'âge de 14 ans il ait guéri le prince de Boukhara, Nuh ibn Mansûr, d'une grave maladie. Ce fut à 18 ans qu'il commença à composer son fabuleux *Qanun* : canon de la médecine. Le roi de Perse l'employa comme vizir et comme médecin.

Son œuvre considérable, écrite en persan, est constituée de 274 ouvrages. Le « prince des savants », comme il était surnommé, fut l'auteur de livres sur les mathématiques, la linguistique, la physique, la psychologie, la chimie, l'astronomie, l'économie, la musique …

Son fameux « canon de la médecine » fut traduit en latin par Gérard de Crémone en 1187. Il sera l'un des premiers livres imprimés en 1473, à Milan. Ce livre marque l'histoire de la médecine, avec des chapitres remarquables dans des domaines de l'ophtalmologie, de la gynécologie, et de la psychologie. Avicenne s'attache à la description des symptômes. Il y donne la symptomatologie du diabète, de l'ulcère de l'estomac, de la cataracte, de la méningite… Il découvre que le sang part du cœur pour aller aux poumons puis en revenir, et décrit le système de ventricules et de valves du cœur. Il indique que certaines affections sont transmises par voie placentaire. Il pressent le rôle des rats dans la propagation de la peste. Il émet l'hypothèse que l'eau et l'atmosphère contiendraient de minuscules organismes vecteurs de maladies infectieuses. Mais avant tout, ce maître par excellence s'intéresse au moyen de conserver la santé, en recommandant la pratique régulière du sport et de l'hydrothérapie en insistant sur l'importance des relations humaines pour une bonne santé mentale et somatique.

Le canon de la médecine comprend cinq livres :

Le livre I contient les généralités sur l'anatomie du corps humain, la santé, la maladie ainsi que sur les traitements généraux, le style de vie à adopter, le régime alimentaire …

Le livre II traite des remèdes minéraux, végétaux et animaux. On n'y trouve environ 800 monographies de ces remèdes « simples ».

Le livre III traite des pathologies regroupées par organes et systèmes.

Le livre IV contient le traité sur les fièvres, suivi du traité sur les symptômes, diagnostics et pronostics, la petite chirurgie, les tumeurs, blessures, fractures, morsures et poisons.

Le livre V est nommé *Aqrabadin*, c'est-à-dire pharmacopée. Il traite des médicaments, pommades, onguents, suppositoires, cataplasmes, sirops… On n'y trouve environ 600 formules réparties en deux volumes.

Suite à l'hommage que je souhaitais rendre à ces grands hommes que furent les médecins Galien et Avicenne, je reviens au remède de la Thériaque où le safran occupe une place de choix quant à la composition.

Sa popularité traversa toutes les époques et il fut l'un des remèdes importants contre la peste qui faisait des ravages épouvantables. L'une des plus grandes épidémies fut celle de la peste noire, qui ravagea l'Occident entre 1347 et 1351 et qui représenta le plus grave sinistre de l'histoire de l'humanité. Pénétrant en Europe par Constantinople, ce fléau se répandit comme une traînée de poudre dans le bassin méditerranéen, puis les ports de la Manche, de la mer du Nord, de la Baltique, et gagna peu à peu les régions continentales les plus reculées, les plus isolées. Transmise par des puces infectées par des rats contaminés, la peste noire tuait les hommes de façon foudroyante, seulement deux jours après l'apparition des premiers boutons, les sinistres bubons. Ce fut l'affolement général. Les familles se séparaient. Les parents abandonnaient leurs enfants. Tout le monde se méfiait de tout le monde. La loi de la jungle était la seule loi. Ce fut un cauchemar absolu, un enfer !

La Thériaque, seule, était réputée comme remède efficace contre la peste. Elle était fabriquée une fois l'an pour le ravitaillement des médecins et apothicaires. Au XIIIe siècle, par exemple, se tenait la dernière semaine de juillet, chaque année, à Beaucaire, une foire célèbre où venaient s'approvisionner les praticiens de la médecine.

La Thériaque dite « de Montpellier » était préparée sur la place publique, les ingrédients étant pesés et mélangés devant tout le monde pour qu'il n'y ait pas de tricherie et que la formule exacte soit bien respectée.

La Thériaque la plus célèbre, hors de nos frontières, était la Thériaque de Venise. Une fois par an, en septembre, les herboristes, apothicaires, médecins et guérisseurs arrivaient de l'Europe entière pour se procurer la fameuse Thériaque vénitienne.

Au XVIIe siècle, sous Louis XIV, se tenait chaque année une fête appelée « Jubilée des Apothicaires » où le remède était également préparé en public à Paris par Moyse Charas, apothicaire né à Uzès en 1619 et auteur d'un ouvrage célèbre : « La Pharmacopée royale, histoire naturelle des animaux, des plantes et des minéraux qui entrent dans la composition de la Thériaque dispensée publiquement à Paris ». Ce livre, traduit dans de nombreuses langues, connut un grand succès à la fin du XVIIe.

La formule officielle de la Thériaque de Galien fut rapportée dans divers ouvrages, et notamment dans la pharmacopée de Johann Zwelfer en 1653 (Pharmacopoeia augustana) et le *codex* français de 1758. La formule de la Thériaque selon le codex était la suivante :

Iris de Florence : 60 g
Valériane : 80 g
Acore aromatique : 30 g
SAFRAN : 40 g
Rapontic : 30 g
Quintefeuille : 30 g
Racine d'aristoloche : 10 g
Racine d'asarum : 10 g
Racine de gentiane : 20 g
Racine de meum : 20 g
Bois d'aloès : 10 g
Cannelle de Ceylan : 100 g
Opium de Smyrne : 120 g
Gingembre : 60 g
Squammes de scille : 60 g
Dictame de Crète : 30 g
Feuilles de laurier : 30 g
Feuilles de scordium : 60 g
Sommités de calament : 30 g
Sommités de marrube : 30 g
Sommités de pouliot : 30 g
Sommités de chamaedrys : 20 g
Sommités de cammaepitys : 20 g

Sommités de millepertuis : 20 g
Rose rouge : 60 g
Fleurs de stoechas : 30 g
Écorce sèche de citron : 60 g
Poivre long : 120 g
Poivre noir : 60 g
Fruits de persil : 30 g
Fruits d'ammi : 20 g
Fruits de fenouil : 20 g
Fruits d'anis : 50 g
Fruits de séseli : 20 g
Fruit de daudus de Crète : 10 g
Fruits d'ers : 200 g
Fruits de navet : 60 g
Fruits de petite cardamome : 80 g
Agaric blanc : 60 g
Suc de réglisse : 120 g
Cachou : 40 g
Gomme arabique : 20 g
Myrrhe : 40 g
Oliban : 30 g
Sagapénum : 20 g
Galbanum : 10 g
Opopanax : 10 g
Benjoin : 20 g
Castoréum : 10 g
Mie de pain : 60 g
Terre sigillée : 20 g
Sulfate de fer sec : 20 g
Bitume de Judée : 10 g

On pilait toutes ces substances, puis on les passait au tamis de manière à obtenir une poudre très fine et à laisser le moins possible de résidus : c'était la poudre dite *thériacale*. On mélangeait ensuite cette poudre thériacale à du miel. La Thériaque était un « électuaire », c'est-à-dire une pâte, de couleur noirâtre, de consistance un peu plus solide que le miel, assez molle quand elle était récente, plus ferme lorsqu'elle avait vieilli.

Pour les affections internes, on l'administrait à raison de 4 g chez l'adulte et de 50 cg à 2 g chez les enfants. On la faisait prendre soit nature, soit en potion en la délayant dans de l'eau. Pour les affections externes, elle s'employait en pommade, ou en teinture après l'avoir délayée dans de l'eau-de-vie dans la proportion d'une partie de Thériaque pour six d'eau-de-vie.

Peut-être, un jour, mon laboratoire présentera-t-il sur le marché une Thériaque héritée de Galien, le maître de la médecine et de la pharmacie ?

J'ose caresser cet espoir !

La panacée que représente ce remède universel a été encore une fois l'occasion de citer de nombreuses fois le safran.

LE SAFRAN DANS L'ENCYCLOPEDIE DE DIDEROT

L'encyclopédie ou « Dictionnaire raisonné des sciences, des arts et des métiers » qui comprend 35 volumes a été publiée entre 1751 et 1772, sous la direction de Denis Diderot.

Voltaire, Montesquieu et Rousseau, entre autres, ont participé à cette œuvre monumentale faisant la somme du savoir de l'époque.

Le safran est très présent dans cette encyclopédie car il est associé à toutes sortes de remèdes appelés, par Diderot, « emplâtres ».

Les passages de l'encyclopédie, que je vais à présent citer, sont donnés dans leur version originale, en vieux français. Nous avons beaucoup à apprendre de ce qui suit, et vous constaterez que le safran y est encore une fois rapporté.

« Un emplâtre est un remède de consistance solide, capable d'être ramolli par la chaleur, et qui peut s'étendre aisément sur une peau.

Les matériaux des emplâtres sont différentes matières grasses et visqueuses, les graisses de divers animaux, les huiles, les résines, les baumes, la cire, la poix, les gommes résines.

On fait entrer dans la composition des emplâtres divers substances végétales pulvérisées, des matières minérales, la pierre calaminaire, la pierre hématite, le vitriol, le bol, les fleurs d'antimoine, le **safran** … »

Emplâtre, d'André de la Croix, selon la pharmacopée de Paris

« Prenez de l'huile d'olive sept onces et demie, de la poix-résine trois onces, de la térébenthine une once ; faites fondre dans l'huile la résine et la térébenthine sur un feu léger. Ce mélange étant presque refroidi, ajoutez de gomme ammoniaque, de galbanum, d'opopanax, de sagapenum en poudre, de chacun demi-once ; de **safran** en poudre deux onces, de cire chaude fondue suffisante quantité pour donner la consistance d'emplâtre.

Les gommes-résines qui ne se liquéfient pas au feu et qui ne sont pas solubles par les huiles, sont solubles par le vinaigre ; et on a tiré de cette qualité une autre méthode de les introduire dans les emplâtres, méthode à laquelle on a surtout recours pour les gommes-résines qui ne se pulvérisent que très difficilement, comme le sagapenum et le bdellium.

On dissout donc les gommes-résines dans du vinaigre, on filtre, on les rapproche à consistance d'emplâtre, ou seulement en consistance de miel, selon qu'il est requis pour la consistance même de l'emplâtre, et on mêle prestement ces gommes ainsi dissoutes et rapprochées, aux matières grasses fondues, et un tant soit peu refroidies. »

Emplâtre de safran, selon la pharmacopée de Paris

« Prenez de colophone, de poix de Bourgogne, de cire jaune, de chacune quatre onces ; de gomme ammoniaque, de galbanum, de térébenthine, de chacun une once, dissolvez les gommes dans le vinaigre, cuisez à consistance de miel, mêlez les gommes épaissies avec la térébenthine ; d'un autre côté faites fondre à feu doux la colophone, la poix, et la cire.

Ces dernières matières étant retirées du feu, et un tant soit peu refroidies, unissez-les promptement à votre premier mélange, et ajoutez sur-le-champ les poudres suivantes : de l'oliban, du mastic, qui sont des résines ; de la myrrhe qui est une gomme-résine, de **safran**, de chacun une once et trois gros, que vous répandrez sur la masse avec un tamis, et que vous incorporerez avec soin, à mesure qu'elles tomberont. »

Emplâtre noir ou de céruse, selon la pharmacopée de Paris

« Prenez de céruse, une livre ; d'huile d'olive, deux livres : cuisez ensemble à feu fort, ajoutant de temps en temps quelques gouttes de vinaigre, jusqu'à ce que vous ayez obtenu la consistance d'emplâtre et la couleur noire : ajouter enfin de cire chaude, quatre onces, de safran, deux. »

« Il entre des huiles essentielles dans la composition de quelques emplâtres. On ne doit ajouter ces ingrédients volatils, que lorsque la masse de l'emplâtre est presque refroidie.

Les emplâtres se gardent dans les boutiques sous la forme de petits cylindres longs d'environ trois pouces, et du poids d'une once, qui sont connus dans l'art sous le nom de magdaléon.

Les chirurgiens demandent quelquefois des emplâtres composés, ou des onguents dans la composition desquels entrent un ou plusieurs emplâtres. Ces préparations sont magistrales ; on les exécute sur-le-champ en mêlant les divers emplâtres par la fusion sur un feu doux.

On fait une sorte d'emplâtre avec la cire blanche, le blanc de baleine, et l'huile d'amande douce, ou des semences froides majeures, qu'on doit regarder comme une préparation magistrale, parce qu'elle n'est pas de garde et qu'on ne doit l'exécuter qu'au besoin.

L'application de certains emplâtres passe pour un secours qu'il ne faut pas négliger dans certaines affections intérieures, comme dans les tumeurs du foie et de la rate ; dans les maux du bas-ventre des enfants.

L'emplâtre est étendu sur du linge plus ou moins fin, sur du taffetas ou sur la peau, suivant les différentes vues qu'on peut avoir dans son application, ou pour des raisons de propreté ; tels sont ceux qu'on met au visage, et qui sont ordinairement de taffetas noir.

Les cataplasmes sont d'un très grand usage dans la pratique de la chirurgie ; on s'en sert aussi fort utilement dans plusieurs maladies internes. On n'applique pas toujours les emplâtres par rapport à la vertu des médicaments dont ils sont composés.

La seule qualité glutineuse les fait employer dans plusieurs cas, comme dans la suture sèche pour la réunion des plaies. Un bandage réalisé avec méthode peut tenir les lèvres de certaines plaies dans l'état nécessaire pour qu'elles se réunissent. Si elles sont superficielles, il sera utile de les coudre avec les aiguilles et les fils. Des emplâtres peuvent être disposés de façon à tenir les lèvres de la plaie dans le contact nécessaire, et empêcher qu'elle ne puisse s'éloigner l'une de l'autre. On se sert communément pour cela de l'emplâtre d'André de la Croix ; l'emplâtre de bétoine est aussi un très bon agglutinatif.

On lit dans les observations communiquées par Formi, célèbre chirurgien de Montpellier, à Lazare Riviere, doyen des professeurs royaux de médecine en l'université de cette ville, qu'un abcès considérable sur le sternum avait été ouvert sans méthode à la partie supérieure suivant les règles de l'art, l'incision aurait dû être faite à la partie déclive ; mais pour éviter une seconde opération, Formi conseilla l'application d'un emplâtre épais et agglutinatif, sur lequel un bandage serré convenablement procura le recollement des parois, en déterminant le pus à sortir par l'ouverture supérieure.

Eu égard à la vertu des médicaments dont les emplâtres sont composés, il y en d'émollients, comme ceux de mucilages et de mélilot. D'autres sont résolutifs et fondants ; tels sont les emplâtres de savon, de ciguë, de diabotanum, de Vigo, etc. Les premiers sont plus émollients et discussifs ; ceux-ci sont plus stimulants.

L'effet des emplâtres est relatif aux dispositions des fluides et des solides. Si l'humeur qui est en stagnation dans la tumeur qu'on veut résoudre est fort épaisse, si les émollients ne l'ont pas préparée à la résolution, les remèdes résolutifs procureront une plus forte induration.

Si au contraire il y a un commencement de chaleur dans la tumeur, les résolutifs, par leur quantité stimulante, accéléreront le jeu des vaisseaux et la tumeur suppurera avec des résolutifs, qui deviennent alors les meilleurs maturatifs et attractifs dont on puisse se servir.

On n'est guère trompé dans son attente lorsqu'on procède par principes et par raison, c'est-à-dire par une expérience réfléchie et raisonnée.

Le diachilon gommé est un des meilleurs emplâtres maturatifs dans les furoncles, les clous, et autre tumeur de cette nature qui n'ont de la disposition à suppurer. Pour modifier et détacher, l'emplâtre divin est fortement recommandé ; et ceux de céruse, de minium, de Nuremberg, et principalement celui de pierre calaminaire, ont la vertu de dessécher et de cicatriser.

Il y a des préparations emplastiques destinées particulièrement à certaines maladies et à certaines parties. L'emplâtre de bétoine est céphalique, et consacré pour la guérison des plaies de tête. Les mêmes pharmacopées qui en vantent les propriétés pour les plaies de tête ajoutent qu'on s'en sert aussi pour ramollir les cors des pieds.

L'emplâtre de blanc de baleine, dans lequel entre la gomme ammoniaque dissoute dans du vinaigre, est un bon remède pour les mamelles des femmes qui ne peuvent ou ne veulent pas allaiter leurs enfants ; il dissipe le lait, apaise les douleurs qui en proviennent, et en résout les grumeaux et les duretés qui en résultent.

Je ne crois pas qu'on puisse penser aussi favorablement des effets que peut produire l'application de l'emplâtre de nicotine et de ciguë dans les indurations du foie et de la rate. Suivant les auteurs de la pharmacopée d'Ausbourg, Montanus et Bellacattus, célèbres médecins de Padoue, faisaient un grand usage d'un emplâtre contre l'hydropisie, et l'on assure qu'il n'est pas sans efficacité. Il est composé de fiente de pigeon, de suc d'hyeble, de miel, de soufre vif, de nitre, de poudre d'iris, d'énula, de baie de laurier, d'aneth, de fleur de camomille, de semence de cresson, de farine de fèves, de **safran**, de suif de cerf, de térébenthine, et d'une suffisante quantité de cire.

Il y a des remèdes qu'on applique extérieurement, et dont la vertu peut changer la disposition de la masse du sang. Tel est l'emplâtre vésicatoire. Son effet ne se borne pas à l'élévation des phlictaines sur l'endroit où on l'a appliqué, ni à l'évacuation de la matière lymphatique qui coule de ces vessies ; le sang en est altéré, les sels des cantharides qui y sont portés en détruisent la viscosité.

Tout le monde sait que l'emplâtre d'opium appliqué sur l'artère temporale calme efficacement la douleur des dents ; et le docteur Nugent, dans une savante dissertation qu'il vient de donner à la suite de l'histoire d'une personne mordue par un chien enragé, a prouvé très solidement que dans toutes les affections qui dépendent de l'irritation des solides et de l'émotion spasmodique des fibres, il ne pouvait y avoir de remèdes plus efficaces que l'usage régulier d'emplâtres.

On donne différentes figures aux emplâtres, suivant les parties sur lesquelles on doit les appliquer ; il y en a de rondes, de carrés, d'ovales : on les taille en croissant ou en demi-lune pour la fistule à l'anus.
On en fait de très petits de la même figure pour les paupières ; ceux qu'on applique dans le pli de l'aine sont triangulaires ; on les coupe en croix de Malte pour l'extrémité des doigts, et on les fend plus ou moins profondément dans leur circonférence, afin qu'on puisse les appliquer également sur les parties inégales. On roule des languettes d'emplâtres en forme de baguettes ou de verges, connues sous le nom de bougies, pour le traitement des maladies du canal de l'urètre. »

Comme nous venons de le voir, les emplâtres, c'est-à-dire en termes modernes les cataplasmes, étaient très en vogue au XVIIIe siècle, y compris pour les chirurgiens qui les utilisaient en certaines circonstances. Le safran est systématiquement retrouvé dans leur composition.

« J'ai appris à travailler les minéraux, la terre, le sable et la pierre. Mais ce que j'aime, moi, ce sont les épices. Je connais leur histoire, la signification de leurs couleurs et de leurs odeurs. Je peux les appeler par leurs véritables noms, ceux qu'elles ont reçus à l'origine quand la terre creva comme une écorce et qu'elles jaillirent pour la première fois à la lumière. Leur feu court dans mes veines. Sur un murmure de moi, elles me livrent leurs propriétés cachées, leurs pouvoirs magiques.
Vous n'êtes pas convaincus ? Vous avez oublié les vieilles recettes que les mères de votre mère connaissaient ? En voilà une : une pincée de **safran** au pied du lit protège des cauchemars. »

Chitra Banerjee Divakaruni
Extrait de « La Maîtresse des épices »

SAFRAN ET SANTE

POSITIV MENTAL, ALTERNATIVE NATURELLE AUX ANTIDEPRESSEURS

Quelques chiffres pour commencer ce chapitre :

- 25 % des Français de plus de 18 ans consomment des hypnotiques (somnifères) de la classe pharmacologique des benzodiazépines.

- À l'âge de 60 ans, ce pourcentage dépasse 45 % !

- Les Français consomment globalement plus de 70 millions de boîtes d'hypnotiques chaque année, ce qui les place, et de très loin, au premier rang mondial de la consommation de somnifères par habitant.

- À l'âge de 60 ans, la majorité des personnes consommant des somnifères prend aussi des anxiolytiques, médicaments destinés à diminuer l'anxiété, dits antidépresseurs.

- Les Français consomment 4 fois plus d'antidépresseurs que les Italiens, et 5 fois plus de somnifères que les Allemands.

Or, ces médicaments ont de multiples effets secondaires : somnolence diurne, risques accrus d'accidents de voiture, manque de concentration, manque de vigilance, troubles de la mémoire, désorganisation des horaires de sommeil, sensation de faiblesse musculaire, nausées, impuissance masculine, fléchissement de la libido féminine.
Et paradoxalement bien souvent… agitation, agressivité, réaction anxieuse, confusion des idées, hallucinations.
Sans parler de la perte de l'indépendance individuelle (induction de dépendance à ces drogues) et de grandes difficultés de sevrage !

Sans oublier des interactions médicamenteuses à risques avec les produits contenant certaines molécules : cisapride, cimétidine, phénytoïne… !
Sans négliger une contre-indication révélatrice : les anxiolytiques sont fortement déconseillés pendant la grossesse, notamment pendant les trois premiers mois. Si le traitement est poursuivi jusqu'à l'accouchement, une étroite surveillance du nouveau-né est nécessaire.

C'est la raison pour laquelle j'ai formulé «Positiv mental », neuro-nutriment 100% naturel SANS EFFETS INDESIRABLES qui associent de façon judicieuse trois composants neuroactifs :
- un extrait de safran titré en safranal antidépresseur
- du tryptophane (acide aminé)
- de la pyridoxine (vitamine B6)

Pour comprendre comment agit ce produit, il est utile au préalable d'apporter quelques explications physiologiques.

La *matière grise* du cerveau humain est constituée de milliards de cellules, appelées neurones qui ont une structure originale : un prolongement du corps cellulaire, l'axone, se terminant en dendrites sous forme de peigne. Entre les dendrites d'un neurone et ceux du neurone contigu il existe un espace nommé synapse ou fente synaptique. La continuité physiologique entre les neurones est assurée par des substances au nom évocateur : les neurotransmetteurs encore appelés neuromédiateurs.

Un neurotransmetteur, la sérotonine, pourvue d'une action « anti-déprime », joue un rôle fondamental dans la régulation des fonctions nerveuses. C'est précisément à ce niveau qu'agit le safranal, molécule active du safran. Comme la fluoxétine (molécule de l'antidépresseur Prozac) le safranal agit par inhibition de la recapture de la sérotonine.

La sérotonine (5-hydroxytryptamine) est un neurotransmetteur antidépresseur synthétisé par notre cerveau à partir d'un acide aminé, le tryptophane. La transmission de la sérotonine de neurone en neurone se passe ainsi : après avoir été déchargée dans la fente synaptique par le neurone émetteur, elle est transmise au neurone récepteur par l'interface des capteurs de ses dendrites.
Si on ralentit la « capture » de la sérotonine par le neurone récepteur (acte d'inhibition) la concentration de sérotonine augmente au sein des synapses, ce qui accroît et prolonge son action. Cette sérotonine agit alors dans le cerveau tel un véritable « lubrifiant » antidépresseur. D'où l'intérêt d'une teneur élevée en extrait de safran titré en safranal dans « Positiv mental ».

Une étude randomisée en double aveugle contre placebo d'une durée de 6 semaines concernant 40 adultes dépressifs a comparé l'action spécifique de :
- 30 mg / jour d'un extrait de safran titré en safranal pour un premier groupe
- 20 mg / jour de fluoxétine (molécule de l'antidépresseur référant) pour un deuxième groupe

La différence de l'activité de ces deux apports antidépresseurs a été jugée comparable, le pourcentage de satisfaction étant sensiblement le même au terme des 6 semaines. Mais avec un AVANTAGE considérable pour le safran, l'absence d'effets secondaires, ce qui n'est pas le cas avec le médicament qui induit, lui, de multiples problèmes indésirables.

Le tryptophane associé au safran dans « Positiv mental » est un précurseur sérotoninergique. Cela signifie que c'est lui qui permet la synthèse de la sérotonine par l'organisme humain. En « manque » de tryptophane, nos neurones produisent la sérotonine en quantité insuffisante. De plus, l'apport de tryptophane favorise le franchissement de la barrière hémato-encéphalique par la sérotonine, ce qui stimule sa fonction antidépressive.

La pyridoxine (vitamine B6) de « Positiv mental » a également une action pro-sérotoninergique car elle est le cofacteur principal de l'enzyme pyridoxal-5-phosphate qui stimule la synthèse de la sérotonine et de deux autres neuromédiateurs contribuant à la régulation de l'équilibre nerveux, la dopamine et l'acide gamma-aminobutirique.

La prise de « Positiv mental » contribue à restaurer naturellement un réel bien-être en cas de :
- dépression
- tension nerveuse
- stress
- surmenage
- anxiété
- angoisse
- phobie
- TOC (Troubles Obsessionnels Compulsifs)
- grignotage (comportements compulsifs)
- fragilité émotionnelle
- perte de mémoire
- manque de sommeil

Je souhaiterais à présent développer une des indications majeures de « Positiv mental », le stress, tant ce problème est contemporain.

Le mot stress est un nom anglais choisi comme titre de son ouvrage (Stress), en 1940, par l'endocrinologue Hans Selye, livre suivi d'un autre, publié en 1956 (The Stress of life) tout aussi novateur que le premier sur un sujet qui nous concerne tous. Ce mot évoque une notion de pression, de constriction. Par extension, il désigne la contrainte, physique et psychique. Les causes de stress sont multiples : le décès d'un proche, un licenciement, la prolongation d'une période de chômage, des ennuis financiers, la mise à la retraite, la solitude, l'isolement, l'exclusion sociale, la baisse de la virilité masculine, les transformations hormonales de la ménopause, la perte progressive de la mémoire, le passage d'un examen, la préparation d'une compétition sportive, la prise de parole en public, l'entrée sur scène d'un artiste, les conflits familiaux et le divorce, les conflits personnels, les conflits relationnels de voisinage, la longueur des transports en commun, les embouteillages en voiture, le bruit, le travail en atmosphère conditionnée, les activités professionnelles à haut risque, les responsabilités professionnelles…
Cette liste est loin d'être exhaustive. Si vous subissez l'une ou l'autre de ces situations de stress, et à plus forte raison si vous cumulez plusieurs de ces facteurs stressants, vous avez besoin d'une réponse biologique, naturelle, préférable à des médicaments aux effets secondaires nocifs.

Selye a démontré que les contraintes que nous subissons provoquent chez les êtres vivants un ensemble de réactions physiologiques, le terme de « stress » englobant aussi bien la contrainte externe exercée par l'agent stressant que la réponse de l'organisme stressé. Toute agression provoque une double réponse du sujet agressé :
- une réponse spécifique : ainsi, la chaleur provoque une brûlure, le froid une gelure, le bruit une surdité, un traumatisme une blessure, un choc psychologique une émotion, un exercice musculaire prolongé la fatigue…
- une réponse non spécifique : l'agression déclenche un processus endocrinien qui part de l'hypothalamus, se propage à l'hypophyse puis aux glandes surrénales, ce qui provoque une réaction en deux temps :

    o une réaction rapide, marquée par
        • la sécrétion massive d'adrénaline
        • une accélération du rythme cardiaque
        • la montée de la pression artérielle
        • une forte émotion

- o une réaction lente marquée par
  - la sécrétion d'hormones du stress par les glandes surrénales
  - la baisse de certains globules blancs (polynucléaires éosinophiles)
  - la diminution des défenses immunitaires
  - une atteinte de la muqueuse gastrique pouvant conduire, à terme, chez les personnes en état de stress permanent, à un ulcère

Ces réponses de l'organisme soumis à une agression extérieure stressante peuvent être classées en trois catégories : soit l'attaque (fight), soit la fuite (flight), soit la résignation anxieuse. Bien que la situation de stress ne soit pas à proprement parler une maladie, mais une réaction de compromis nécessaire à l'adaptation, l'évolution pathologique est fréquente, marquée par le nombre de complications : maladies inflammatoires, hypertension artérielle, rhumatismes, ulcère gastrique, thromboses artérielles dégénératives, épuisement nerveux, dépression, épuisement physique, insomnie, impuissance, effondrement des défenses immunitaires.

La réponse endocrinienne de l'organisme soumis à un stress se fait selon une chronologie bien réglée. Le stress agit sur les neuromédiateurs comme la sérotonine, l'acétylcholine, les catécholamines (adrénaline, noradrénaline, dopamine), les endorphines, l'histamine, l'acide gamma-aminobutyrique, … qui stimulent la transmission de l'influx nerveux.

Sans vouloir épuiser le sujet, prenons deux exemples simples pour illustrer cette neuromédiation initiale :
Dans le cas d'un stress à dominante physique, par exemple un effort violent, c'est la noradrénaline des terminaisons des nerfs sympathiques qui intervient.
Dans le cas d'un stress émotionnel, c'est l'adrénaline sécrétée par les glandes médullosurrénales qui est mobilisée.

Les choses se passent de la façon suivante. Prenons le cas de l'adrénaline :

Initialement, le cerveau alerte l'hypothalamus petite glande d'importance vitale située dans le cerveau inférieur. Toutes les stimulations endocriniennes qui vont intervenir en réponse au stress sont commandées par l'hypothalamus, véritable tour de contrôle des métabolismes hormonaux, qui alerté par le cerveau, stimule à son tour une autre glande, elle aussi minuscule, de la grosseur d'un petit poids, située en amont, l'hypophyse.
L'hypophyse stimulée par l'hypothalamus va sécréter une hormone fondamentale dans le déclenchement de la réponse antistress de l'organisme : l'hormone adénocorticotrope (en anglais : *adenocorticotropic hormon*) encore appelée ACTH,

ou corticostimuline, qui à son tour va stimuler les glandes corticosurrénales et médullosurrénales. Enfin, ces dernières vont sécréter l'adrénaline, neuromédiateur clé de la réponse de l'organisme au stress d'origine nerveuse, agissant de façon antagoniste, en provoquant la dilatation des vaisseaux conduisant le sang au cerveau et à la contraction des vaisseaux à la périphérie du corps.

Je souhaiterais, à ce stade, expliquer la raison pour laquelle j'ai inclus de la vitamine B6 dans « Positiv mental ». L'action sérotoninergique de vitamine B6, dont nous avons vu l'intérêt, est accompagnée d'une action antistress. La sécrétion d'adrénaline par les glandes médullosurrénales dans un organisme en état de stress passe dans le sang pour aller se fixer sur le récepteur membranaire d'une cellule, induisant l'augmentation considérable de la sécrétion d'une molécule, l'adénosine monophosphate (AMP cyclique), laquelle entraîne un afflux massif de calcium au sein des cellules où l'adrénaline va se fixer. C'est cet afflux de calcium qui provoque la contraction des vaisseaux périphériques dont j'ai parlé. Cette entrée du calcium au sein des cellules a pour conséquence immédiate la chasse du magnésium, qui quitte massivement les cellules où l'adrénaline s'est fixée pour rejoindre le sang qui le véhicule. Quand ce sang surchargé en magnésium arrive au niveau des reins, ceux-ci font leur travail, c'est-à-dire qu'ils élèvent l'excrétion urinaire du magnésium excédentaire afin de rééquilibrer le pourcentage de magnésium circulant. Le magnésium passant dans les urines se traduit par un déficit magnésien chez les personnes en état de stress permanent. Or, paradoxalement, le magnésium a une incidence directe sur la sécrétion d'adrénaline par les médullosurrénales, qu'il a tendance à freiner.
C'est un cercle vicieux, la fuite de magnésium indirectement provoquée par l'hypersécrétion d'adrénaline, via l'afflux de calcium, ne permet pas de limiter celle-ci comme l'exigerait sa fonction.
À ce niveau, la vitamine B6, entre autres actions, peut épargner la fuite urinaire du magnésium car elle intervient en amont, au niveau cérébral, en stimulant la sécrétion de deux neuromédiateurs délivrant un message propre à freiner la cascade endocrinienne conduisant à l'hypersécrétion d'adrénaline : l'acide gamma-aminobutyrique (GABA) et la sérotonine.

Tout se tient. La sérotonine est synthétisée par l'organisme à partir d'un acide aminé protéique, le tryptophane, grâce à la médiation de la vitamine B6, qui justifie la composition de « Positiv mental » en complément du safran riche en safranal antidépresseur.

NEGATIVE CALORIES, INNOVATION MONDIALE DANS LA MINCEUR

Le produit minceur commercialisé par ERIC FAVRE WELLNESS sous le nom de « Negative calories » revendique haut et fort son caractère innovant, original, exclusif, inédit à ce jour dans le monde.

Ce produit minceur véritablement révolutionnaire est destiné aussi bien aux femmes qu'aux hommes d'aujourd'hui insatisfaits par leur excès pondéral et qui veulent perdre du poids de façon naturelle.

Ce produit se présente sous la forme d'une boîte contenant 28 comprimés, pour 4 semaines de cure à raison d'un comprimé à prendre chaque jour avant le déjeuner. Chaque comprimé contient 600 µg de safranal, molécule active spécifique du safran qui favorise la perte de poids en diminuant le grignotage compulsif entre les repas grâce au rétablissement de l'équilibre émotionnel jouant un rôle régulateur sur la satiété.

Pour concevoir ce produit très efficace, je suis parti d'une constatation : le stress, l'anxiété et la dépression ont une influence fondamentale sur le comportement alimentaire.

Physiologiquement, un état de tension nerveuse chronique induit une tendance réactionnelle à grignoter entre les repas. En effet, le seul acte de manger apporte un certain réconfort, un apaisement. Or la consommation compulsive de sucreries ou d'aliments gras et salés à l'excès entraîne un surpoids, voire une obésité si le processus n'est pas enrayé à temps.
Ayant identifié la source mentale du désir impérieux de manger des aliments/plaisir, la solution se situe à l'origine de ce dysfonctionnement, en amont dans le cerveau.

On a observé que les antidépresseurs avaient une action directe sur la réduction des apports caloriques, en stoppant la sensation de faim. Cependant ces anxiolytiques produisent des effets secondaires lourds, comme je l'ai exprimé dans le chapitre précédent, à l'inverse de l'antidépresseur « Positiv mental » qui ne possède pas, lui, ces réactions indésirables.
L'extrait de safran titré en safranal composant actif de « Negative calories » agit en élevant la concentration de sérotonine dans le cerveau, ce neuromédiateur régulant la fonction de satiété. Le mécanisme d'action du safranal est comparable à celui de la *fluoxétine* et de l'*imipramine*, les molécules des deux antidépresseurs

de référence. Le safranal est sérotoninergique : il empêche la recapture de la sérotonine, par les récepteurs des neurones, qui reste ainsi plus longtemps active et peut jouer de façon durable son rôle de coupe-faim.

Une étude randomisée en double aveugle contre placebo d'une durée de 20 mois concernant des femmes en surpoids a mesuré le poids et la masse grasse de ces femmes, évaluant la quantité d'aliments consommés pendant le repas et la sensation de faim entre les repas.

Les résultats se passent de commentaires :
- 100 % des femmes ayant expérimenté l'extrait de safran ont déclaré une diminution de leur apport alimentaire au déjeuner et au dîner (contre 0 % sous placebo)
- 100 % de ces femmes ont perçu une diminution de leur sensation de faim entre les repas avec pour effet induit une moindre faim avant le déjeuner et avant le dîner.

L'étude clinique a observé que la supplémentation en safranal pendant 1 mois a favorisé :
- la perte de poids
- la perte de masse grasse corporelle

Ont également été notés :
- le maintien de la masse musculaire
- l'absence de sentiments de frustration

L'extrait de stigmates de safran qui constitue le principal actif coupe-faim de « Negative calories » a donné lieu à un dépôt de brevet avec la qualification suivante :
« Agent de satiété et pour la prise en charge de la surcharge pondérale ».

La prise de « Negative calories » est :
- sans effets secondaires
- sans contre-indications
- sans accoutumance
- sans aucun risque

Les résultats spectaculaires qu'entraîne ce produit minceur pendant un mois, action coupe-faim avec diminution de l'appétit pendant les repas et suppression du grignotage entre les repas, sont accompagnés de conséquences bénéfiques sur la gestion du comportement alimentaire. La prise de conscience que l'on peut ainsi contrôler sa faim encourage naturellement à poursuivre cette voie sur le long terme dans un processus continu de régulation pondérale maîtrisée, source de bien-être, d'équilibre, d'harmonie corporelle et mentale.

Le rééquilibrage sérotoninergique produit par « Negative calories » est infiniment précieux dans le cadre d'un régime amincissant.

Les mécanismes de régulation de la faim, dans le cerveau, dans le cas de régimes hypocaloriques, hypoglucidiques, hypolipidiques ou hyperprotéinés, sont en effet désorientés en raison de la frustration induite au bout de quelques jours. Les conséquences de ces privations drastiques sont bien connues : des perturbations de l'humeur et une tendance à déprimer qui incitent à arrêter le régime entrepris, le grignotage compulsif qui en résulte faisant perdre le bénéfice des efforts consentis pour maigrir.

La meilleure façon d'atteindre le but recherché sans faillir est de prendre « Negative calories » en complément tant l'esprit et le corps sont intimement liés dans tout protocole « minceur ».

« Mens sana in corpore sano » écrivit le philosophe latin Juvénal. À l'aube du troisième millénaire cela reste vrai, et si vous adhérez à cette maxime, prenez « Negative calories » et vous allez vraiment maigrir.

SOUPLESSE / FLEXIBILITÉ, POUR RETROUVER SON CONFORT ARTICULAIRE

La formule innovante de « Souplesse / Flexibilité » que je préconise contre l'arthrose associe plusieurs actifs naturels complémentaires :
- un extrait de safran titré en safranal aux vertus apaisantes
- du curcuma dont la molécule active, la curcumine, est un anti-inflammatoire reconnu
- de l'harpagophytum riche en harpagosides qui s'associe à la résorption inflammatoire
- de la glucosamine qui favorise la régénération du tissu conjonctif cartilagineux
- de la chondroïtine qui consolide la charpente du cartilage en cours de réparation
- du collagène qui contribue à renforcer la structure protéique du cartilage

Avant d'évoquer longuement deux éléments majeurs de cette formule, l'harpagophytum et la glucosamine, il est utile de préciser rapidement ce qu'est l'arthrose, comment elle apparaît et pourquoi elle s'aggrave.

L'arthrose affecte les articulations, ensemble des éléments assurant la jonction entre deux ou plusieurs os. Les articulations principales du corps humain sont :
- le genou, jonction du fémur avec le tibia et la rotule
- la hanche, jonction du fémur et du bassin
- l'épaule, jonction de l'humérus avec l'omoplate et la clavicule
- le coude, jonction de l'humérus avec le cubitus et le radius
- la cheville, jonction du tibia et du péroné avec le pied
- le poignet, jonction du cubitus et du radius avec la main

Les disques qui séparent les vertèbres les unes des autres sont considérés comme étant de nature articulaire, ainsi que les espaces séparant les os de la main et les orteils du pied.

Chaque articulation comprend quatre éléments solidaires :
- le cartilage, tissu conjonctif qui occupe l'espace articulaire
- la membrane synoviale, qui sécrète la synovie, liquide lubrifiant
- les tendons, qui permettent aux muscles de s'insérer dans les os
- les ligaments, qui maintiennent l'articulation en place

Le cartilage est constitué de cellules chondrocytes au sein d'une matrice extracellulaire formée de trois macromolécules protéiques :
- Le collagène, de structure fibreuse, qui confèrent au cartilage ses capacités de résistance, de souplesse, de flexibilité et de traction.
- L'élastine, substance d'ancrage qui contribue à l'adhésion entre les différents constituants du cartilage.
- Les glycosaminoglycanes (GAG) et les protéoglycanes (PG) qui remplissent l'espace extracellulaire en se liant au collagène et à l'élastine.

Avec le temps, le cartilage s'use. On compare souvent le cartilage à l'amortisseur d'une automobile. Il subit peu à peu une lente érosion qui tend à sa destruction. En perdant de sa substance, le cartilage perd de sa souplesse. Il s'altère, se fissure, se craquelle, jusqu'à ne plus pouvoir éviter des frottements entre les os. Quand les surfaces osseuses entrent en contact, l'articulation se bloque, devenant très douloureuse. Cette évolution s'accompagne de l'atrophie de la membrane synoviale. L'articulation devenant mal lubrifiée finit par se gripper, accentuant la douleur. Cette pathologie dégénérative porte un nom, l'arthrose.

Quand l'arthrose s'aggrave et que le cartilage disparaît petit à petit, dans l'espace articulaire qui se vide progressivement de sa substance, les os produisent des excroissances, les ostéophytes. Ces excroissances osseuses compriment et irritent les nerfs, ce qui provoque une inflammation elle aussi très douloureuse appelée fluxion articulaire. L'articulation devient gonflée, raide, chaude. Ce sont les articulations dites porteuses qui sont en général les plus touchées par l'arthrose : le genou et la hanche. Les arthrosiques voient leur mobilité réduite et leur périmètre de marche diminuer.

Il y a des facteurs de risques :
- la vieillesse, personne n'échappant à l'arthrose en prenant de l'âge
- l'obésité, qui induit une surcharge pour les articulations porteuses
- les dépôts d'acide urique qui infiltrent le tissu cartilagineux
- l'ostéoporose, qui affecte la masse osseuse
- les traumatismes articulaires répétés chez d'anciens sportifs
- le surmenage articulaire professionnel (port de charges lourdes)

Heureusement, avant d'arriver au stade ultime et invalidant de la dégénérescence arthrosique, et d'envisager une opération, il est possible d'agir pour stopper le processus, car celui-ci est réversible, à condition de s'y prendre à temps. En résorbant l'inflammation caractéristique de la fluxion articulaire, on apaise la douleur, et ainsi, on retrouve logiquement peu à peu une certaine mobilité.

Généralement, les rhumatisants prennent donc tout à la fois des corticoïdes anti-inflammatoires et de l'aspirine antalgique, de façon constante. Mais nous connaissons bien les conséquences iatrogènes de telles médications à long terme : c'est la muqueuse digestive qui souffre à son tour. On soulage d'un côté les articulations, mais on provoque une autre douleur au niveau de l'estomac. Un cercle vicieux qui limite l'usage prolongé des anti-inflammatoires et des antalgiques.

La naturopathie offre une précieuse alternative thérapeutique à la consommation massive d'anti-inflammatoires et d'antalgiques. Les comprimés « Souplesse / Flexibilité » peuvent être pris en toute sécurité sous forme de cure prolongée sans aucun effet secondaire. Plusieurs composants de « Souplesse / Flexibilité » ont une action anti-inflammatoire, et je vais mettre l'accent sur l'un d'entre eux encore mal connu du grand public : l'harpagophytum.

L'harpagophytum, un puissant anti-inflammatoire

Longtemps, l'arthrose ne fut pas répertoriée dans les maladies inflammatoires, à l'inverse de l'arthrite ou de la polyarthrite. Les terminaisons « ite » indiquent une inflammation : ainsi la gastrite est l'inflammation de l'estomac, la colite celle du côlon, la bronchite celle des bronches, etc. pour l'arthrose, point de suffixe « ite » mais « ose ». Et pourtant, il y a bien une composante inflammatoire dans l'arthrose puisqu'une articulation affectée par l'érosion arthrosique devient rouge, chaude, douloureuse, enflée et grippée.

Le terme même de fluxion articulaire qui désigne l'état évolutif de l'arthrose induit qu'il y a bien une inflammation. En effet, le mot fluxion employé pour qualifier l'arthrose à un stade évolué signifie (définition du dictionnaire) : « Une fluxion est le nom donné à la congestion inflammatoire d'un organe ».

Ainsi dans une « fluxion dentaire » en regard de la dent infectée la gencive est enflée, rouge, douloureuse : c'est bien une inflammation. Il en est de même pour les articulations affectées par l'arthrose. Et l'harpagophytum fait merveille dans ce cas.

L'harpagophytum a été identifié pour la première fois par le botaniste Burchell en 1822. Par la suite, au XIXe siècle, de nombreux chercheurs étudièrent cette plante : Candolle, Kew, Humbert, Ihlenfeld et Straka.

Les effets thérapeutiques de l'harpagophytum étaient connus depuis la nuit des temps, des indigènes d'Afrique du Sud qui en faisait une grande consommation.

Mais il fallut attendre le début du XXe siècle pour qu'un médecin allemand de l'hôpital de Nababis, en Afrique orientale prescrive enfin l'harpagophytum. C'était en 1904, alors que la guerre entre les colons Allemands et les Africains, revendiquant leur indépendance, faisait rage. Un Africain de la tribu Hottentot, gravement blessé, fut conduit à l'hôpital. Considéré comme perdu, les médecins l'abandonnèrent. Sa famille fit alors appel au sorcier de leur village qui se rendit à l'hôpital avec un remède mystérieux caché dans un sac, une racine. En quelques jours le soldat guérit de ses blessures et put quitter l'hôpital. Intrigué, un fermier allemand du nom de Menhert, qui était lui-même soigné dans cet hôpital, suivi l'indigène Hottentot jusqu'à son village et recharcha l'endroit où le sorcier avait pu déterrer la racine aux pouvoirs magiques. Il retrouva cet emplacement et ramena une racine à l'hôpital et la confia au médecin allemand qui avait été intrigué par la guérison de l'indigène. La « saga » de l'harpagophytum commençait.

Harpagophytum procumbens est une plante herbacée vivace, à adaptation xérophyte, qui fait partie des géophytes, c'est-à-dire des plantes qui passent les périodes sans eau à l'état d'organes souterrains, leur phase de vie active étant très brève.
La racine principale de l'harpagophytum, lignifiée, a un important développement vertical en profondeur. Les racines secondaires sont des tubercules rayonnant autour de la racine principale. Ces tubercules bulbeux sont parfois énormes, pouvant peser entre 500 g et 1,5 kg. Il se développe jusqu'à 1 m de profondeur dans une circonférence de 2 m autour de la racine principale. Ce sont ces racines secondaires qui sont utilisées en phytothérapie. Les tubercules possèdent une enveloppe externe de liège, brune, qui les protège contre la dessiccation. Même si on laisse des tubercules d'harpagophytum qui ont été déterrés en plein soleil pendant plusieurs mois ils ne se dessécheront pas. Pendant l'hiver, la partie aérienne de la plante ayant disparu, seules les parties souterraines survivent. Dès l'apparition des premières pluies de printemps, de jeunes pousses rampantes apparaissent. Rapidement, des tiges courent sur le sol, formant un enchevêtrement rayonnant. Ses tiges de 1 à 2 m de long sont ligneuses, coriaces, pubescentes, protégeant la plante du dessèchement.
Les feuilles, vert tendre, sont pétiolées, à lobes sinués incisés. Les fleurs, axillaires, solitaires, à pédoncule court et glanduleux à la base, ressemblent à des fleurs de digital, ayant la même couleur rose, et une forme en doigt de gant. Le fruit mesure environ 10 cm. C'est une capsule ligneuse armée d'excroissances se terminant par des crochets répartis en forme de grappins. Harpago, en grec, signifie grappin.
Les crochets des fruits de l'harpagophytum s'accrochent aux sabots et aux pattes des animaux (moutons, chevaux…) ou à la laine des moutons qui cherchent à

s'en débarrasser. Pour ce faire, les animaux frappent la terre de leurs sabots avec frénésie, véritablement comme dans une danse endiablée. D'où le surnom de l'harpagophytum : la griffe du diable.

En fait, ces fruits extraordinaires ont un mode d'adaptation au milieu désertique dans lequel pousse la plante pour se disséminer au moyen des animaux en se fixant sur eux. C'est une dissémination épizoochore par des diaspores approchantes.

L'harpagophytum pousse uniquement dans l'hémisphère Sud, en Afrique dans différents pays tels que la république sud-africaine dans le sud-ouest du Transvaal, l'ouest du Gricqualand et l'ouest de l'état libre d'Orange, le Botswana dans le Bechuanaland et au bord du lac Ngami, la Namibie dans la province de Windhoeck, d'où le surnom parfois donné à l'harpagophytum : la racine de Windhoeck.

Le terrain électif de l'harpagophytum s'étend du désert du Kalahari au désert du Namib, au sud du Tropique du Capricorne. L'harpagophytum pousse dans les sables rouges. La plante est adaptée à ce que l'on appelle les Grasslands, qui sont la steppe péri désertique qui prend un aspect de savane à la saison humide.

Chez les Africains, les utilisations de l'harpagophytum sont multiples :
- Ils mâchent les tubercules frais pour calmer la douleur (rhumatismes et migraines).
- Ils font des décoctions et des macérations avec la racine sèche coupée en rondelles puis réduite en poudre, également pour calmer les douleurs et pour faire tomber la fièvre, en cas de maladie du sang, en cas d'indigestion et pour se purger.
- Ils appliquent la poudre mélangée à un corps gras sur la peau pour soigner les plaies, les ulcères et les furoncles.

Nous connaissons aujourd'hui la composition de la racine secondaire d'harpagophytum grâce aux travaux d'un groupe de la Faculté de Pharmacie de Wurzburg, en Allemagne, sous la direction du professeur Tunmann.

En 1961 et 1962, Tunmann et Lux isolent un principe actif. Il s'agit d'un glucoside amer qu'ils nomment harpagoside.

En 1963, Tunmann et Stierstorfer découvrent un second glucoside qu'ils appellent harpagide. En 1964, Lichti et Wartburg établissent la formule de l'harpagoside, rattaché au groupe des iridoïdes alors qu'un autre groupe de chercheurs, Scarpati, Guiso et Panizzi font de même avec l'harpagide.

En 1965, Tunmann et Stierstorfer isolent un troisième glucoside qu'ils nomment procumbide, dont la formule sera établie en 1971 par Bianco.

L'harpagophytum est d'une richesse peu commune, contenant :
- des gluco-iridoïdes
    o harpagoside
    o harpagide
    o procumbide
- des phyto-stérols
    o sitostérine
    o stigmastérine
    o campestérine
- des acides et esters triterpéniques
    o ursoline
    o oléanoline
- des flavonoïdes
    o kaemapférol
    o fisétine
    o lutéoline
- des acides libres aromatiques
    o cinnamine
    o chlorogénine
- une quinone : l'harpagoquinone
- un carbure insaturé : le squalène
- des hétérosides stérolitiques
- des acides gras insaturés
- des tanins
- une huile essentielle
- une résine-gomme

La première étude clinique prouvant l'action anti-inflammatoire de l'harpagophytum a été conduite par un médecin allemand, Schmidt, en 1971 et 1972, sur un groupe de 110 malades souffrant de polyarthrite auxquels il a donné pendant trois semaines un double traitement : infusion d'harpagophytum et injections périarticulaires d'harpagophytum aux dilutions décimales D2 et D3. Les résultats dépassèrent tout ce qu'on aurait pu imaginer avant cette étude clinique. 80 % des malades virent leur inflammation résorbée, leur douleur supprimée et retrouvèrent leur mobilité normale pendant ces trois semaines, progressivement, les injections de corticoïdes furent diminuées (au fur et à mesure de l'amélioration doublement constatée quant à l'inflammation, la douleur et la mobilité) jusqu'à leur suppression pure et simple chez tous les malades qui allaient désormais aussi bien que possible grâce à l'harpagophytum, gommant des années et des années de souffrance due à leur polyarthrite chronique.

Par la suite, nombre d'autres études cliniques ont été conduites, parmi lesquelles celle du médecin allemand Beham où 120 malades souffrant d'arthrose de la hanche retrouvèrent tout ou partie de leur mobilité, parallèlement à l'atténuation ou à la suppression de leur douleur grâce à l'action anti-inflammatoire.

Les propriétés de l'harpagophytum sont à la mesure de la composition de ce tubercule à nul autre semblable. C'est d'abord et avant tout un puissant anti-inflammatoire, d'où son succès actuel dans tout protocole naturel de traitement des affections. Mais il est également analgésique, antalgique, réducteur de l'acide urique, dépuratif, détoxiquant, hypocholestérolémiant, stimulant de la fonction hépatobiliaire, antispasmodique.

Le deuxième composant de « Souplesse / Flexibilité » sur lequel je souhaite donner un maximum d'informations est la glucosamine, dont on parle beaucoup en ce moment dans le monde entier, et qui est encore bien mal connue des Français.

La glucosamine, molécule antirhumatismale miracle

Un best seller, publié il y a quelques années aux Etats-Unis, parle de la glucosamine comme étant « la molécule miracle » contre l'arthrose.

Sans aller jusque-là, l'EULAR (European League Against Rheumatism), la plus haute instance internationale européenne concernant le traitement des rhumatismes regroupant plusieurs milliers de rhumatologues, a confirmé l'intérêt de la glucosamine en cas d'arthrose. Le congrès de l'EULAR qui se tenait en 2003 au Portugal, à Lisbonne, a publié un texte novateur qui a fait date : « Les 8 recommandations sur la prise en charge de l'arthrose ». Ce texte est fondé sur les données scientifiques avalisées par des experts rhumatologues et chirurgiens orthopédistes de 14 pays. Et pour la première fois apparaît dans un texte, dont voici la 6e recommandation, la reconnaissance officielle de l'intérêt thérapeutique des AASAL (Anti Arthrosiques Symptomatiques d'Action Lente) pour soigner l'arthrose :

« Les Anti-Arthrosiques Symptomatiques d'Action Lente administrés par voie générale ont fait preuve de leur activité rémanente sur la douleur et le handicap dans les essais cliniques. Deux d'entre eux, le Sulfate de Glucosamine et le Sulfate de chondroïtine, semblent pourvus d'un effet chondroprotecteur et structuro modulateur. »

Rappelons que la chondroïtine est inclus dans la formule de « Souplesse / Flexibilité » en complément de la glucosamine.

Le nom « Glucosamine » est une contraction de deux mots : Glucose et Amine. Pour répondre à ses besoins « normaux », l'organisme humain fabrique lui-même cette glucosamine. Pour cela, il puise dans les aliments du Glucose (sucre) et un Amine (acide aminé) qui se trouve dans les protéines. Cette production de glucosamine est infinitésimale, mais elle suffit à satisfaire nos besoins. Cependant, une personne atteinte d'arthrose a des besoins en glucosamine plus importants et sa propre production (quelques milligrammes par jour) est très insuffisante. Cette glucosamine doit être apportée par un supplément nutritionnel.

La meilleure source naturelle de glucosamine est la carapace d'un crabe géant des mers froides, le crabe royal (Paralithodes camchaticus). Cette carapace contient un élément qui s'appelle la chitine dont on extrait la glucosamine.
En laboratoire, on prépare le sulfate de glucosamine qui est la forme sous laquelle l'assimilation de la glucosamine par l'organisme est la meilleure. Une fois assimilée, la molécule miracle (surnom qui lui était donné par le Dr Jean Carper) rejoint les articulations arthrosiques qui en sont « assoiffées ».
La glucosamine est essentielle à la synthèse des glycosaminoglycanes (GAG) et des protéoglycanes (PG) formant le gel qui remplit l'espace entre les molécules de collagène et d'élastine afin d'assurer la cohésion du cartilage, sa résistance et sa solidité.
Ce sont les chondrocytes qui effectuent la synthèse des composants du cartilage à partir d'éléments issus du métabolisme digestif. Pour fabriquer le collagène et l'élastine, les chondrocytes ont besoin d'acides aminés puisés dans notre nourriture quotidienne. Mais pour fabriquer les glycosaminoglycanes, les chondrocytes du cartilage ont obligatoirement besoin de glucosamine afin de leur permettre de produire le gel de glycosaminoglycanes et de protéoglycanes.
Dans le cas d'arthrose, le gel vient à manquer ainsi que la glucosamine, les chondrocytes sont dans l'incapacité de produire le gel nécessaire au soutien du « filet articulaire ». Tout s'effondre alors, se fissure, s'émiette. L'armature du cartilage se désagrège littéralement. La seule façon d'inverser cette érosion est de nourrir les chondrocytes avec de la glucosamine.
Le cartilage n'étant pas vascularisé, l'apport de glucosamine est fait par imbibition à partir du liquide sécrété par la membrane synoviale qui imprègne le gel à chaque pression (purement mécanique) provoquée par le mouvement de l'articulation, par exemple pour le genou le seul fait de marcher.

En réalité, les choses ne sont pas simples car il y a dans la dégénérescence arthrosique non seulement une destruction du cartilage mais également une progressive inflammation de tous les tissus de la capsule articulaire, et une douleur persistante qui s'installe, le jour et la nuit, rendant la vie quotidienne difficile. En effet, l'arthrose n'est pas seulement de nature mécanique (érosion du cartilage) mais aussi biologique. Les choses se passent de la manière suivante : quand le cartilage se fissure et s'émiette, les chondrocytes deviennent hyperactifs induisant une augmentation du métabolisme au sein de la capsule articulaire. C'est un phénomène de compression. Il s'agit de produire davantage de fibres de collagène afin de consolider l'armature du cartilage et de produire davantage de gel (glycosaminoglycanes et protéoglycanes) destiné à « rembourrer » les mailles du filet de collagène en voie de destruction.

Pour imager ce phénomène, on peut dire que « la machine s'emballe ».
Les chondrocytes fonctionnent telle une fabrique de collagène, de GAG et de PG, s'épuisant à la tâche et inversant le processus. Ils ne sont plus capables de produire en quantité suffisante les éléments structuraux destinés à remplacer les tissus cartilagineux en voie de destruction. Épuisés, ils finissent même par succomber. La désagrégation mécanique du cartilage s'accélère alors, et des débris de cartilage en liberté dans la capsule articulaire viennent irriter la membrane synoviale fragile. Les fragments de cartilage ont des angles aigus, agressifs, tels de minuscules morceaux de verre... et ils font des dégâts.
En réaction, la membrane synoviale s'emballe elle aussi, produisant davantage de liquide synovial. Cet épanchement de synovie ayant pour conséquence une inflammation de l'articulation qui gonfle, formant un œdème qui s'accompagne d'une importante élévation de chaleur.
On peut dire que le « feu » s'installe dans l'articulation (on trouve la racine « feu » dans le mot inflammation). L'articulation « flambe ». La glucosamine par son action anti-inflammatoire, les études le prouvent, va contribuer à éteindre cet « incendie articulaire ».

Les débris de cartilage irritant la membrane synoviale ne sont pas la seule cause de l'inflammation. En effet, quand les chondrocytes s'emballent, en réaction à l'érosion mécanique du cartilage qui produit un déséquilibre biologique, ils ne synthétisent pas seulement du collagène, des GAG et des PG, mais également de dangereuses cytokines pro- inflammatoires (interleukine 1) et des enzymes macrophages (métalloprotéases) qui sont extrêmement nocives, un véritable « cancer » qui ronge le cartilage. En conséquence ces cytokines « soufflent sur les braises » de l'incendie articulaire déjà installé et les enzymes macrophages, comme leur nom l'indique, engloutissent littéralement les protéines (collagène, GAG et PG) qui composent le tissu cartilagineux.

Il faut savoir qu'en temps normal, au sein d'un cartilage sain, non touché par l'arthrose, un équilibre biologique s'établit. Les éléments produits par les chondrocytes concourent à la bonne santé et à l'intégrité du cartilage, ni plus, ni moins. Mais en cas d'arthrose, cet équilibre est rompu par les « dévoreurs » de cartilage, aggravant l'incendie qui se produit au sein de l'articulation qui part en miettes. On peut alors véritablement parler de « soupe » articulaire dans laquelle on retrouve pêle-mêle des débris de cartilage et des cellules mortes en quantité importante (chondrocytes qui ont rendu l'âme et synoviocytes, cellules détachée de la membrane synoviale).

Certaines études cliniques ont montré la fonction régulatrice de la glucosamine qui freine la production de cytokines pro-inflammatoires et d'enzymes macrophages. On peut dire, encore une fois de façon imagée, que la glucosamine fait le ménage dans l'articulation, remet de l'ordre dans la maison, la « maison articulaire ». Son action est plus remarquable que celle des anti-inflammatoires classiques pour lesquels les études prouvent qu'ils accélèrent à long terme l'effritement du tissu articulaire. Ce qui est un comble !

L'inflammation n'est pas le seul signe de l'arthrose, il y a aussi la douleur. Là encore, la glucosamine représente une alternative naturelle judicieuse, à prendre de préférence à tout autre antalgique.

La douleur arthrosique ne provient pas du cartilage qui est un tissu conjonctif ne comportant pas de terminaisons nerveuses mais est provoquée par la stimulation pathologique des nerfs (récepteurs) situés dans les os de l'articulation que le cartilage est normalement chargé de séparer mais qui vient à manquer lorsque l'arthrose évolue.

C'est une chose que l'on a du mal à se représenter, et que l'on ignore en général, les os possèdent un réseau de nerfs très dense. Ce sont ces nerfs, en relation directe avec le cerveau, qui provoquent la douleur lorsqu'ils sont excités.

Pour dire combien l'atteinte des os est douloureuse, il suffit de prendre en exemple le cancer de ceux-ci qui est réputé pour faire énormément souffrir.

Dans l'arthrose, la nature mécanique de la douleur provient lorsque :

- Le cartilage rongé par l'arthrose finit par disparaître à certains endroits entraînant le contact entre les os à l'origine de la douleur.
- Quand le cartilage disparaît, les os forment alors des excroissances, appelés becs de perroquets ou ostéophytes qui excitent les terminaisons nerveuses.
- Les os n'étant plus séparés par le cartilage se fissurent, et de petits trous nommés géodes (comparables à de minuscules trous dans du gruyère) viennent fragiliser les os.

Pour illustrer cela, il est possible de le comparer à la carie dentaire. La dent abîmée, dont l'émail rongé par la carie disparaît, laisse le nerf à vif, entraînant la douleur. Le dentiste comble alors la dent avec un amalgame dentaire qui protège à nouveau le nerf pour faire disparaître la douleur.

Dans une arthrose à un stade avancé, parce que le cartilage a disparu et que l'os est mécaniquement atteint, celui-ci se fissure et se densifie à certains endroits, se creuse ailleurs. Dans certaines zones, certains nerfs sont mis à nu et occasionnent la douleur. L'action réparatrice est ici indirecte à l'inverse de l'action du dentiste qui agit directement en comblant les trous. C'est en reconstituant le cartilage érodé, en le régénérant, en le reconstruisant grâce à la glucosamine qu'indirectement les os de l'articulation, soulagés mécaniquement (le cartilage remplissant à nouveau sa mission), se « répareront » eux-mêmes grâce à leur capacité de se régénérer comme lors d'une fracture. Pour apaiser la douleur, la glucosamine a indirectement, dans l'arthrose (en régénérant le cartilage), la même fonction que l'amalgame dentaire dans la carie. La charpente articulaire ayant été consolidée par la glucosamine, l'os ne souffre plus.

Il convient de dire à ce sujet qu'à son tout premier stade, l'arthrose est dite « silencieuse » c'est-à-dire indolore. Ce n'est qu'ensuite, le cartilage ayant été détruit et la dégénérescence ayant atteint les os, que l'arthrose devient douloureuse.

La fonction anti-inflammatoire (directe) et antalgique (indirecte) de la glucosamine en cas d'arthrose, que je viens de décrire, a été maintes fois prouvée ces dernières années par des études multiples. La liste étant longue, je me contenterai de citer la plus significative de ces études.

Le 14 novembre 2005, le congrès de l'American College of Rheumatology qui s'est tenu à San Diego, aux États-Unis, a révélé les résultats étonnants d'une importante étude réalisée pendant six mois auprès de 16 centres hospitaliers universitaires américains. Cette étude a concerné 3238 patients ayant une arthrose du genou, dont la moyenne d'âge était de 59 ans. Leur degré de douleur a été évalué par le formulaire WOMAC (Western Ontario Master University Osteoarthritis Index).

Ces 3238 patients ont été répartis en deux groupes :
- Un groupe ayant reçu un anti-inflammatoire (celecoxib) et un antalgique (paracétamol) à doses importantes un groupe ayant reçu de la glucosamine (1500 mg / jour) et de la chondroïtine (120 mg / jour)

Les résultats se passent de commentaires :
- la « réponse » au celecoxib et au paracétamol a été de 61 %
- la « réponse » à l'association glucosamine-chondroïtine a été de 79,2 %

L'analyse de cette étude montre que l'association de glucosamine et de chondroïtine devrait être, dans l'avenir, le traitement de référence de l'arthrose du genou.

En résumé, tous les rhumatisants d'une façon générale, et ceux souffrant d'arthrose en particulier ont désormais un remède naturel « **Souplesse / Flexibilité** » qui représente une réelle alternative aux traitements classiques dont les effets secondaires sont difficiles à supporter.

L'action interne, générale, de « **Souplesse / Flexibilité** » est d'autant plus efficace qu'on lui associe l'action externe, locale, du baume que j'ai personnellement formulé.

Dans les deux cas, j'ai associé au safran les molécules idéales, toutes issues du monde végétal, SANS EFFETS SECONDAIRES.

SEXUALITÉ ÉPANOUIE, LA REGULATION DE LA DYSFONCTION ERECTILE

Le produit à base safran que j'ai nommé « Sexualité épanouie » est un puissant stimulant sexuel doublement actif, sur le mécanisme de l'érection lui-même, efficace contre le dysfonctionnement érectile, mais également sur la physiologie cérébrale, car il y a une composante mentale indéniable dans les défaillances sexuelles.

Dans l'un et l'autre cas, le safran fait merveille, idéalement associé à du piment et de la caféine aux vertus stimulantes et toniques, ainsi que du maca, fabuleuse racine qui n'a pas été surnommée sans raison le « Ginseng péruvien » étant donné ses propriétés et ses indications rappelant celles du ginseng sur la sexualité.
La réputation du safran comme stimulant sexuel est très ancienne, je l'ai évoqué fréquemment au début de ce livre. Rappelons qu'il y a 2600 ans sur l'île de Lesbos, les amantes de la poétesse grecque Sapha se parfumaient le corps d'onguent à base safran et de cannelle, senteurs chaudes et aphrodisiaques.

Je vais à présent préciser ce qu'est la dysfonction érectile afin de pouvoir mieux comprendre comment on peut surmonter cette fatigue sexuelle de façon naturelle grâce à « Sexualité épanouie » qui s'adresse aux hommes ayant ce problème mais aussi aux femmes dont la libido devient paresseuse avec le temps, favorisant en conséquence l'harmonie retrouvée du couple.

Mécanismes de l'érection

La dysfonction érectile est l'incapacité à obtenir et (ou) à maintenir une érection permettant un rapport sexuel satisfaisant. Cette altération de la qualité érectile concerne soit la rigidité de la verge, soit la durée de l'érection, ou les deux. Ce trouble est communément appelé impuissance. Son étiologie est multifactorielle, organique et psychique.

Avant d'aborder le mécanisme de l'érection, et d'en comprendre le dysfonctionnement, il est utile de rappeler quelques notions élémentaires concernant l'organe sexuel masculin.
La verge est constituée de deux tubes latéraux, l'un droit, l'autre gauche, nommés corps caverneux, qui sont responsables de sa transformation en phallus, mot désignant un membre en érection. Les corps caverneux contiennent en effet un réseau dense de vaisseaux sanguins et c'est le remplissage de ces capillaires,

vides lorsque la verge est au repos, qui est à l'origine de l'érection. Des valves, situées à la sortie des veines pelviennes, constituent des clapets anti-reflux. Les vaisseaux sanguins des corps caverneux sont entourés de petites fibres musculaires lisses innervées par le système sympathique, c'est-à-dire que ces fibrilles échappent à l'action de la volonté. Les corps caverneux sont limités par deux gouttières longitudinales qui reçoivent le corps spongieux médian engainant l'urètre, qui est le canal excréteur de la vessie s'ouvrant vers l'extérieur par le méat urétral. L'urètre donne aussi bien passage à l'urine en provenance de la vessie qu'au sperme en provenance des vésicules séminales, situées au-dessus de la prostate, qui sont les réservoirs dans lesquels s'accumule le sperme entre deux éjaculations. Ces vésicules sont reliées aux testicules par le canal référent et à l'urètre par les canaux éjaculateurs.

La verge, entourée d'une épaisse membrane conjonctive nommée albuginée, constituée d'un maillage de fibres élastiques longitudinales et de cloisons transversales, se termine par le gland, renflement conique recouvert d'une muqueuse lisse et entouré par un repli cutané, le prépuce. C'est au sommet du gland que s'ouvre le méat, orifice de l'urètre.

Il y a érection quand la verge se gonfle de sang, s'allonge, augmente de volume et se dresse. Ce mécanisme est d'une grande subtilité dans sa chronologie qui comprend quatre phases successives. Sous l'effet d'une excitation sexuelle indifféremment provoquée par les cinq sens (la vue, l'ouïe, l'odorat, le goût, le toucher) ou une sensibilité propre au domaine psychologique, les fibres musculaires lisses qui entourent les vaisseaux sanguins des corps caverneux se relâchent. Il s'agit d'un relâchement musculaire, et non d'une contraction comme bien des gens l'imaginent à tort.

La présence de safran dans « Sexualité épanouie » favorise ce relâchement musculaire, ce qui est l'une des raisons majeures de sa double efficacité sur le plan organique, au niveau de la verge, et sur le plan psychique, au niveau cérébral. Je reviendrai par la suite sur la double action de « Sexualité épanouie », mais il est essentiel d'en souligner ici l'importance primordiale pour comprendre pourquoi ce produit possède une telle efficacité.

Le relâchement des fibres musculaires lisses caverneuses provoque un « appel » pour le sang qui afflue en masse, s'engouffrant dans les deux artères caverneuses de façon torrentielle. L'augmentation du débit sanguin est très spectaculaire, atteignant son maximum 1 à 2 minutes après le début de l'érection. Les vaisseaux se dilatent considérablement, entraînant l'augmentation du volume et de la longueur de la verge qui gonfle comme une éponge en se remplissant de sang.

Cette vasodilatation est la deuxième clé de l'érection (après le relâchement musculaire initial), et nous comprenons combien est capitale la présence des molécules vasodilatatrices du maca dans « Sexualité épanouie ».

Sous l'effet de cet afflux massif de sang dans les corps caverneux de la verge, les fibres élastiques de l'albuginée se déplissent, ce qui en augmente encore le volume disponible pour le sang lors de la tumescence. Les cloisons transversales de la membrane permettent de maintenir la forme cylindrique de la verge pendant l'érection.

La tumescence qui est une chose et la rigidité de la verge qui en est une autre sont deux mécanismes dont dépendent et la qualité de l'érection et sa durée. C'est la compression des veines chargées du retour du sang de la verge vers la circulation générale qui conditionne la rigidité. Il y a une telle élévation de la pression intra caverneuse, pendant la tumescence que les valves chargées de réguler le débit entre les veines assurant le retour du sang se ferment. Le sang est entré massivement dans la verge par les artères, il ne peut pas ressortir par les veines. La rigidité d'une érection est aussi simple que cela. Mais encore faut-il avoir des veines en bon état, c'est-à-dire avec des parois souples permettant une bonne étanchéité des clapets que sont les valves.

« Sexualité épanouie » est d'une grande performance puisqu'il restaure la fonctionnalité des parois veineuses, ce qui augmente la qualité érectile due à la bonne occlusion veineuse.

C'est le maintien de la rigidité de l'érection qui conditionne la durée de l'acte sexuel. Il y a toujours quelques fuites veineuses, à la racine de chaque corps caverneux, mais elles sont compensées au fur et à mesure par un apport artériel moindre de l'afflux initial, mais suffisant. La rigidité favorise la pénétration vaginale et en conséquence la satisfaction de la partenaire, pénétration qui dépend également, et c'est logique, d'un autre paramètre : une bonne musculature pelvienne.

Le dernier point tout à fait prépondérant du mécanisme de l'érection est la concentration en testostérone qui doit être suffisante. Cette hormone commande la libido masculine, en amont, le désir d'acte sexuel, en aval, la qualité et la durée du coït. Les érections sont très difficiles, voire impossibles, en l'absence de testostérone. Cette hormone mâle est sécrétée par les cellules de Leydig situées dans les testicules (les glandes corticosurrénales en sécrètent aussi, mais très peu). La sécrétion testiculaire de testostérone est commandée, au niveau cérébral, par la sécrétion d'hormones lutéinisantes (encore appelées gonadotrophines B) par le lobe antérieur de l'hypophyse.

Nous voyons à travers cet exemple l'interdépendance étroite des sécrétions endocriniennes qui influent sur la bonne marche de l'organisme. Ainsi, pour bien « fonctionner » la verge nécessite une quantité suffisante de testostérone qui est produite par les testicules sous le commandement du cerveau.

C'est cette approche holistique du problème érectile qui m'a incité, dans la formulation de « Sexualité épanouie », à inclure le maca qui est un précurseur hormonal, ainsi que le safran dont les molécules actives stimulent la neuromédiation des terminaisons nerveuses des corps caverneux, pour optimiser la congestion vasomotrice.

Le neuromédiateur agissant sur les cellules musculaires lisses est le monoxyde d'azote (NO) provenant des terminaisons nerveuses des corps caverneux sous l'action d'un autre neuromédiateur, l'acétylcholine lui-même sécrété au niveau cérébral.
Pour la neuromédiation comme pour la sécrétion endocrinienne, la verge est sous la dépendance du cerveau.

On comprend mieux les choses ainsi, et pourquoi « Sexualité épanouie » a été formulé pour sa double action, au niveau de la verge (maca) et au niveau du cerveau (safran), véritable « tour de contrôle » de la sexualité.

L'éjaculation est l'acte réflexe par lequel le sperme, parvenu dans l'urètre, est expulsé hors de la verge lors de l'orgasme. Littéralement, l'orgasme est le point culminant de l'acte sexuel, parfaitement identifié chez l'homme, puisqu'il coïncide avec l'éjaculation, mais plus aléatoire chez la femme, puisque non identifiable avec précision bien que s'accompagnant de contractions du tiers externe du vagin. L'émission du sperme produit une sensation irrépressible due à la contraction simultanée de la prostate, des vésicules séminales et de l'urètre. En même temps, il y a une tension musculaire générale, des contractions périnéales et des poussées involontaires du petit bassin.
Dans la majorité des cas, l'intromission (introduction de la verge dans le vagin) a une durée suffisante pour satisfaire une partenaire réactive, voire pour la conduire elle-même à l'orgasme. Mais parfois, on assiste à une éjaculation précoce définie comme la survenue d'une éjaculation avant qu'elle ne soit souhaitée. Il y a un consensus pour parler d'éjaculation précoce lorsqu'elle intervient dans les 120 secondes qui suivent la pénétration vaginale. Peu de femmes atteignent l'orgasme dans un laps de temps aussi court, il est donc nécessaire aux hommes d'apprendre à retarder l'éjaculation.

Les causes de l'éjaculation précoce sont psychosomatiques, et les remèdes doivent en tenir compte, ce qui est le cas pour « Sexualité épanouie » dont le safran agit précisément à ce niveau.

Dès l'éjaculation terminée, il se produit une sécrétion adrénergique (production d'adrénaline) qui entraîne la contraction des fibres musculaires lisses des corps caverneux (l'inverse de la phase initiale, caractérisée par un relâchement) et celle, concomitante, des parois artérielles. L'ouverture progressive du retour veineux se fait alors. Les valves s'ouvrent, comme si l'on ouvrait les vannes d'un barrage. Le sang quitte progressivement la verge, dont la taille et le volume ne diminuent pas en conséquence comme diminue la pression intra caverneuse.

Ce processus de détumescence est sous contrôle neurologique cérébral, orthosympathique et parasympathique. Durant cette phase, les hommes sont physiologiquement réfractaires à une nouvelle érection pendant un « certain » temps, alors que les femmes, elles, peuvent être capables de répondre immédiatement à de nouvelles stimulations.

Causes du dysfonctionnement érectile

L'impuissance, puisqu'il faut bien l'appeler par son nom commun, est d'origine multifactorielle. Il est habituel d'en classer les causes en deux grandes catégories : organique ou psychique.

Tout en observant, bien évidemment, que la fréquence des dysfonctions érectiles augmente avec l'âge, nous pouvons en énumérer les principaux facteurs organiques dont la liste est non exhaustive :

• Insuffisance artérielle

Si les artères qui conduisent le sang à la verge sont en mauvais état, l'afflux sanguin initial de la tumescence est insuffisant pour assurer une érection satisfaisante. L'hypertension, l'hypercholestérolémie, l'hypertriglycéridémie et l'hyperlipidémie sont les affections qui dégradent principalement les parois artérielles et qui influent négativement sur la qualité érectile.

Le docteur Irwin Goldstein, directeur du « New England Male Reproductive Center » de Boston (Massachusetts, USA) écrit : « Ce qui est bon pour les artères est bon pour le pénis ».

Les substances qui bouchent les artères, comme le cholestérol, ne choisissent pas leurs cibles. Elles bouchent toutes les artères, en particulier les artères du pénis. Les hommes qui ont du cholestérol souffrent d'un rétrécissement de la lumière artérielle du pénis, et connaissent donc des problèmes d'érection.

• Insuffisance veineuse

Si les veines chargées d'évacuer le sang des corps caverneux de la verge ont des parois insuffisamment toniques et souples pour assurer l'étanchéité des valves pendant l'érection, celle-ci en est affectée, limitée, écourtée car il y a des fuites et la verge n'a ni la longueur, ni le volume, ni la rigidité convenables à un acte sexuel. Cette anomalie anatomique du retour veineux est une cause évidente d'impuissance.

• Diabète

Un grand nombre de diabètes sont diagnostiqués lors d'un examen médical de routine chez un généraliste lorsque, à l'interrogatoire, le patient se plaint de devenir impuissant, les autres signes étant une polydipsie, soif intense, une polyurie, besoin d'uriner anormal, et une fatigue générale, ainsi que des affections de la peau à répétition.

En effet, nous le savons, les complications majeures du diabète sont les microangiopathies oculaires, principales causes de cécité en France, et rénales, principales causes d'hémodialyses et de transplantations. Mais les microangiopathies secondaires à un diabète ne se limitent pas aux yeux et aux reins. Il existe dans les corps caverneux un chevelu de capillaires d'une densité considérable qui sont touchés au même titre que les vaisseaux de la rétine ou des glomérules des néphrons rénaux.

Le diabète induit de sévères troubles de l'érection. Le diabétique « tombe en panne » car il ne peut assurer le maintien érectile nécessaire à un rapport.

• Insuffisance endocrinienne

Le ralentissement de sécrétion de testostérone entraîne une progressive impuissance, puisque l'érection est en partie liée à cette hormone masculine. Voilà pourquoi les hommes voient leurs capacités érectiles s'infléchir, avec l'âge, peu à peu. Cette baisse suit la courbe d'infléchissement sécrétoire de testostérone.

• Atteintes neurologiques

Nombre d'affections neurologiques entraînent inévitablement des troubles de l'érection : sclérose en plaques, maladie de Parkinson, traumatisme médullaire, dénervation chirurgicale (chirurgie pelvienne, prostatectomie radicale, cystectomie...)

• Problème de courbure de la verge

La verge en érection n'est pas toujours bien droite. Un certain degré de courbure de la verge rend malgré tout possible pénétration. Mais l'accentuation exagérée de cette courbure, chez nombre d'hommes d'âge mûr, rend la pénétration impossible. Cette pathologie est due à la formation progressive d'un tissu fibreux dans les corps caverneux qui en sont densifiés, affection appelée maladie de la Peyronie.

• Effets secondaires de certains médicaments

La prise de certains médicaments est une cause majeure d'impuissance. Il suffit de lire les notices à l'intérieur des boîtes.
Nombreuses sont celles qui indiquent troubles de l'érection comme effets secondaires, en particulier les hypnotiques (somnifères) et les anxiolytiques (tranquillisants, antidépresseurs).
Or 25 % des Français de plus de 18 ans consomment des hypnotiques de la classe pharmacologique des benzodiazépines. À l'âge de 60 ans, ce pourcentage dépasse 45 !
Les Français consomment globalement plus de 70 millions de boîtes d'hypnotiques chaque année, ce qui les place, et de très loin, au premier rang mondial de la consommation de somnifères par habitant. De plus, la majorité des personnes de 60 ans consommant des somnifères prend aussi des anxiolytiques.

• Effets secondaires de l'alcool et du tabac

La consommation excessive et chronique d'alcool ainsi que le tabagisme ne donnent généralement pas des résultats glorieux quant à la vigueur sexuelle.
L'alcool, certes, rend euphorique et prédispose à un rapprochement avec sa partenaire, mais entre le désir et la réalité, souvent bien piteuse en état d'imprégnation alcoolique, il y a un monde. Quant à la nicotine, la littérature médicale fourmille d'articles indiquant la dégradation artérielle qu'elle induit. Cela nous ramène à la première cause de ce chapitre c'est-à-dire que l'insuffisance artérielle est cause d'impuissance.

• Causes psychiques

On considère que 50 % des hommes impuissants ne le sont pas à cause de problèmes organiques mais psychiques.
Il y a d'une part les facteurs psychologiques bien connus : problèmes d'identité sexuelle, mésentente du couple, peur de ne pas être à la hauteur, sentiment de culpabilité, lassitude sexuelle progressive, peur de vieillir.

Mais il y a surtout le STRESS. Les urologues, les andrologues et les sexologues unanimes disent : « Le stress conduit à l'impuissance ».

Reportez-vous au chapitre sur le stress pour mieux connaître les effets dévastateurs de cet état de fatigue particulier.

J'ai écrit au début de ce chapitre que sous l'effet d'une excitation sexuelle les fibres musculaires lisses qui entourent les vaisseaux sanguins des corps caverneux se relâchent, et qu'il s'agit d'un relâchement musculaire et non d'une contraction comme bien des gens l'imaginent à tort. Ce qui implique que toute érection de qualité suppose un relâchement, une détente.

Les sources de tension nerveuse, de surmenage et de stress doivent être prioritairement élaguées afin de retrouver la vigueur sexuelle. Ce qui justifie encore la présence de safran dans « Sexualité épanouie ».

Que faire en cas d'impuissance ?

La réponse à cette question suppose avant tout de connaître la cause du problème, afin de trouver une solution adaptée. Il suffit pour cela de reprendre dans l'ordre les éléments du chapitre précédent.

Selon que l'on est concerné par tel ou tel facteur (ou plusieurs, ce qui accroît le handicap), on retrouvera une meilleure qualité érectile :
- avec une meilleure hygiène alimentaire en cas d'excès de cholestérol et en prenant des nutriments hypocholestérolémiants pour redonner aux artères de la verge un calibre suffisant et une fonctionnalité capable d'assurer une réaction convenable
- en prenant des nutriments veinotoniques
- en soignant son diabète
- en stimulant la sécrétion de testostérone
- avec le sevrage des antidépresseurs et des somnifères
- en arrêtant de boire de façon excessive et chronique
- en arrêtant impérativement de fumer
- en se mobilisant pour solutionner son problème de stress
- en se faisant aider par un psychologue si le problème est purement psychologique (identité sexuelle, mésentente, peur, culpabilité…)

Pour rétablir la fonction érectile les spécialistes, urologues, andrologues, sexologues, selon les cas et selon la gravité des problèmes, en plus des solutions évoquées ci-dessus et des prescriptions élémentaires correspondantes, peuvent être amenés à conseiller, quand tout a vraiment échoué, des injections intracaverneuses, des implantations de prothèses péniennes, ou le recours à un vacuum (érecteur à dépression). Sans oublier la petite molécule qui fait fureur depuis quelques années, et les comprimés bleus qui véhiculent cette molécule révolutionnaire.

La phytothérapie, elle, n'est en rien révolutionnaire.
Depuis la nuit des temps, les hommes ont toujours recherché, et trouvé, dans certaines plantes les substances actives capables de stimuler leur sexualité défaillante, souvent, tout simplement, sous forme d'épices à incorporer à leur nourriture quotidienne. C'est le cas des plantes aphrodisiaques.
La phytothérapie contemporaine sait extraire les actifs des plantes pour les concentrer afin d'augmenter leurs potentialités thérapeutiques.

Le tonique sexuel à double action que j'ai mis au point apporte une réponse naturelle au disfonctionnement érectile. « NATUREL » est encore une fois, le mot-clé.
L'ensemble de ce chapitre consacré à la dysfonction érectile masculine qui est l'indication majeure de « Sexualité épanouie » n'est pas un produit uniquement destiné aux hommes mais il l'est également pour les femmes.
L'absence de désir sexuel (anaphrodisie) et l'incapacité de parvenir à l'orgasme (frigidité) sont caractéristiques de la libido féminine. Ce sont deux pathologies distinctes mais associées au sein d'une seule dénomination : « Troubles des fonctions sexuelles de la femme ».
Il y a deux composantes dans ce trouble de la libido : inhibition de l'excitation avant l'acte et l'inhibition du plaisir pendant l'acte. Ces troubles concernent également le manque de lubrification vaginale et le défaut d'intumescence vaginale (gonflement lié au coït).
Les principales causes de ces troubles sont multiples :
- facteurs psychologiques
- stimulation sexuelle inadéquate du partenaire masculin
- mésentente conjugale
- état dépressif
- stress
- ignorance de la fonction clitoridienne
- manque de préliminaires
- association de la sexualité et du péché
- association du plaisir et de la culpabilité
- peur des rapports (coït douloureux, difficile)

Mais il y a aussi :
- des causes « physiques » par exemple une cystite chronique, une vaginite, le diabète, d'une dystrophie musculaire...

- la prise de certains médicaments : contraceptifs oraux, hypotenseurs, tranquillisants, somnifères…
- les conséquences d'un acte chirurgical, par exemple une mastectomie peut avoir un retentissement négatif sur l'image de soi et une incidence sur la sexualité.
- les causes liées au vieillissement, avec des modifications physiologiques, par exemple l'atrophie de la muqueuse vaginale, le tarissement progressif de la lubrification et le défaut de congestion vasomotrice, après la ménopause.
- les causes évoquées en psychiatrie : peur de s'abandonner à une situation qui implique la dépendance vis-à-vis du partenaire, peur de la perte de son contrôle, fixation incestueuse qui ramène à son père, angoisse de l'abandon…

Dans tous les cas, quelle que soit la cause, « Séxualité épanouie » vous aidera vous aussi (et non pas seulement votre partenaire) à stimuler votre libido défaillante sur la voie de retour à l'épanouissement sexuel.

J'ai évoqué tout au long du chapitre l'intérêt d'avoir incorporé du safran dans ce produit. Cependant je ne m'étendrai pas sur les actions stimulantes bien connues du piment et de la caféine, mais je tiens à vous dire quelques mots sur le maca qui est encore peu utilisé en Europe, donc mal connu.

Le maca, alternatif naturel au Viagra

Cette citation du Dr Gary Gordon (American College for the Advancement in Medecine) se passe de commentaires :
« Le maca est une racine péruvienne qui améliore de façon significative la réponse des tissus érectiles. C'est une alternative naturelle au Viagra. »

Surnommé le ginseng andin, le maca est la plante sacrée des Péruviens depuis toujours pour la fascination qu'ils éprouvent au regard des conditions extrêmes dans laquelle elle survit. En effet, le maca pousse sur les hauts plateaux de la Puna, au Pérou, à plus de 4000 m d'altitude, au contact des neiges éternelles, là où aucune autre plante alimentaire ne peut vivre. Sur ces terres inhospitalières, les racines de maca s'infiltrent entre les cailloux pour capter les nutriments dont elle a besoin. Les Incas en faisaient une grosse consommation pour soutenir leur sexualité.
Disons-le clairement, c'est cette propriété qui fit la réputation du maca. Lorsque les Espagnols arrivèrent au XVIe siècle, ils adoptèrent le maca pour les mêmes raisons.

Le maca ressemble à notre radis européen, en plus gros, plutôt un navet, avec une racine qui est un tubercule rougeâtre pouvant atteindre jusqu'à 10 cm de long. C'est ce tubercule qui est récolté et consommé frais par les Péruviens.

L'engouement récent pour le maca aux États-Unis vient de conduire le gouvernement péruvien à réglementer sévèrement sa cueillette, afin de protéger la plante dans son habitat naturel. La tendance est donc à la culture qui se développe aujourd'hui au Pérou sur les pentes de la cordillère des Andes.

Les racines de maca contiennent trois molécules sexuellement actives :
- Les macamides stimulent la sécrétion endogène de testostérone (hormone mâle) grâce à des précurseurs hormonaux qu'ils contiennent.
- Les sulfocyanates stimulent la circulation par effet vasodilatateur en améliorant la tonicité et la souplesse des parois veineuses de la verge.
- Les macaènes agissent sur l'accroissement du désir et la stimulation de la vigueur, favorisant la qualité et la durée de l'érection.

Le maca a également une activité phyto-œstrogénique qui représente une alternative naturelle aux traitements hormonaux de substitution.

La maca régule les symptômes de la ménopause, en particulier les bouffées de chaleur et la sécheresse vaginale qui sont deux obstacles à la sexualité des femmes qui franchissent le cap de la cinquantaine.

Comme il l'a été démontré, grâce au safran et au maca, « Sexualité épanouie » est conseillé aussi bien aux hommes défaillants qu'aux femmes vivant mal le déclin de leur sexualité. Encore une fois, c'est l'harmonie du couple qui est la cible de ce complément alimentaire réellement novateur et actif.

ANTI-ÂGE,
FREIN DU VIEILLISSEMENT DE L'ORGANISME

J'ai personnellement formulé à partir du safran un produit à vertu anti-âge qui protège l'organisme contre les méfaits des radicaux libres il s'agit de « Anti-âge ».

Mais avant d'évoquer les différents composants de ce produit, je vais répondre à cette question : qu'est-ce que les radicaux libres ?

Un radical libre est une molécule qui possède sur son orbite externe un nombre impair d'électrons. L'électron libre (célibataire, en quelque sorte, alors que les autres électrons gravitant autour du noyau vont par paire) n'a qu'un seul but, dévoyer un autre électron, sur l'orbite d'une molécule voisine, pour s'associer avec lui et former une paire, un couple pour reprendre l'image précédente. Mais lorsqu'un électron est arraché à sa molécule d'origine par un électron libre, cette molécule devient instable. L'électron libéré par la fuite de celui qui a quitté son orbite va chercher un électron sur une molécule voisine, et ainsi de suite. Une réaction en chaîne affecte alors le tissu au sein duquel ce processus se développe. Cela provoque une oxydation des cellules, accélérant leur vieillissement. On peut comparer cette oxydation à la rouille qui attaque la carrosserie d'une voiture. Une cellule oxydée est une cellule rouillée.

Les tissus les plus exposés sont les membranes cellulaires riches en lipides. En effet, les chaînes moléculaires des acides gras ont des signes de faiblesse au niveau des doubles liaisons entre les atomes de carbone. Ces doubles liaisons fixent l'oxygène libre. Cette oxydation lipidique provoque un phénomène que l'on connaît dans l'alimentation, le rancissement. Un corps gras rance est impropre à la consommation. Il a mal vieilli. Il en est ainsi des cellules.

On distingue plusieurs radicaux libres :
- le radical superoxyde O2 : c'est le plus courant. Il est produit dans la chaîne respiratoire des mitochondries cellulaires. Il provoque ce que l'on appelle le stress oxydatif.
- le radical hydroxyle HO, extrêmement toxique et réactif.
- les radicaux hydroperoxyle HOO, RCOO, peroxyle ROO, dioxyde d'azote NOO.
- l'oxygène singulet : c'est une molécule d'oxygène au sein de laquelle il y a un transfert d'un électron interne vers l'orbite externe où il se retrouve en surnombre. Il fait de gros dégâts.

Les réactions en chaîne oxydative sont des cascades radicalaires. Dans les membranes cellulaires ils se forment des radicaux carbonés qui entraînent une peroxydation lipidique. Une membrane peroxydée ne remplit plus sa fonction qui est de faciliter l'osmose, échange du milieu extracellulaire vers la cellule pour nourrir celle-ci et du milieu intracellulaire vers l'extérieur pour évacuer les déchets métaboliques. Les cellules aux membranes peroxydées sont alors mal nourries et asphyxiées par l'accumulation de leurs propres déchets. Leur vieillissement en est accéléré.

Les radicaux libres agressent les protéines constituant l'épithélium cutané, kératine et mélanine. C'est ainsi que la peau perd sa souplesse et son éclat, stigmates du vieillissement.

De plus, ils entraînent la formation d'une substance très nocive nommée lipofuschine, qui est constituée d'agrégats de molécules d'acides gras oxydés et de mélanine oxydée. Cette lipofuschine attaque non seulement l'épithélium cutané mais aussi celui d'autres tissus comme la membrane rétinienne, accélérant la détérioration de la vision. D'ailleurs, le taux de lipofuschine dans le plasma sanguin est un véritable marqueur de l'âge physiologique réel de la personne.

Les radicaux libres attaquent et détruisent l'architecture moléculaire protéique des tissus conjonctifs. Les cartilages articulaires qui possèdent une matrice protéique sont également détruits (collagène, élastine, protéoglycane). Ils altèrent l'endothélium vasculaire, accélérant les risques d'accidents cardio-vasculaires par une intensification du processus athéroscléreux. Les radicaux libres seraient en cause dans le processus de la démence sénile de type Alzheimer. Il faut utiliser le conditionnel à ce sujet, les preuves épidémiologiques n'étant pas formelles. Mais comme on dit : « Il n'y a pas de fumée sans feu ». Le cerveau est l'organe le plus exposé à l'oxydation étant donné la forte teneur en phospholipides des membranes des neurones.

En résumé, les répercussions induites par les radicaux libres accélèrent le vieillissement des cellules, des tissus, des organes, ce qui diminue progressivement les capacités fonctionnelles de l'organisme.

La prévention anti-radicalaire existe. Elle concerne certains nutriments dits anti-oxydants qui constituent la formule de « Anti-âge » dans une synergie antivieillissement optimale. Je vais résumer succinctement les propriétés traditionnellement reconnues des composants naturels de « Anti-âge ».

Safran : parmi ses multiples fonctions, il a été expérimentalement démontré que ses molécules spécifiques (safranal, crocine...) avaient une réelle action anti-inflammatoire, et l'on sait que les processus de vieillissement sont concomitants de phénomènes inflammatoires généralisés.

Iridaceae.

Crocus sativus L.

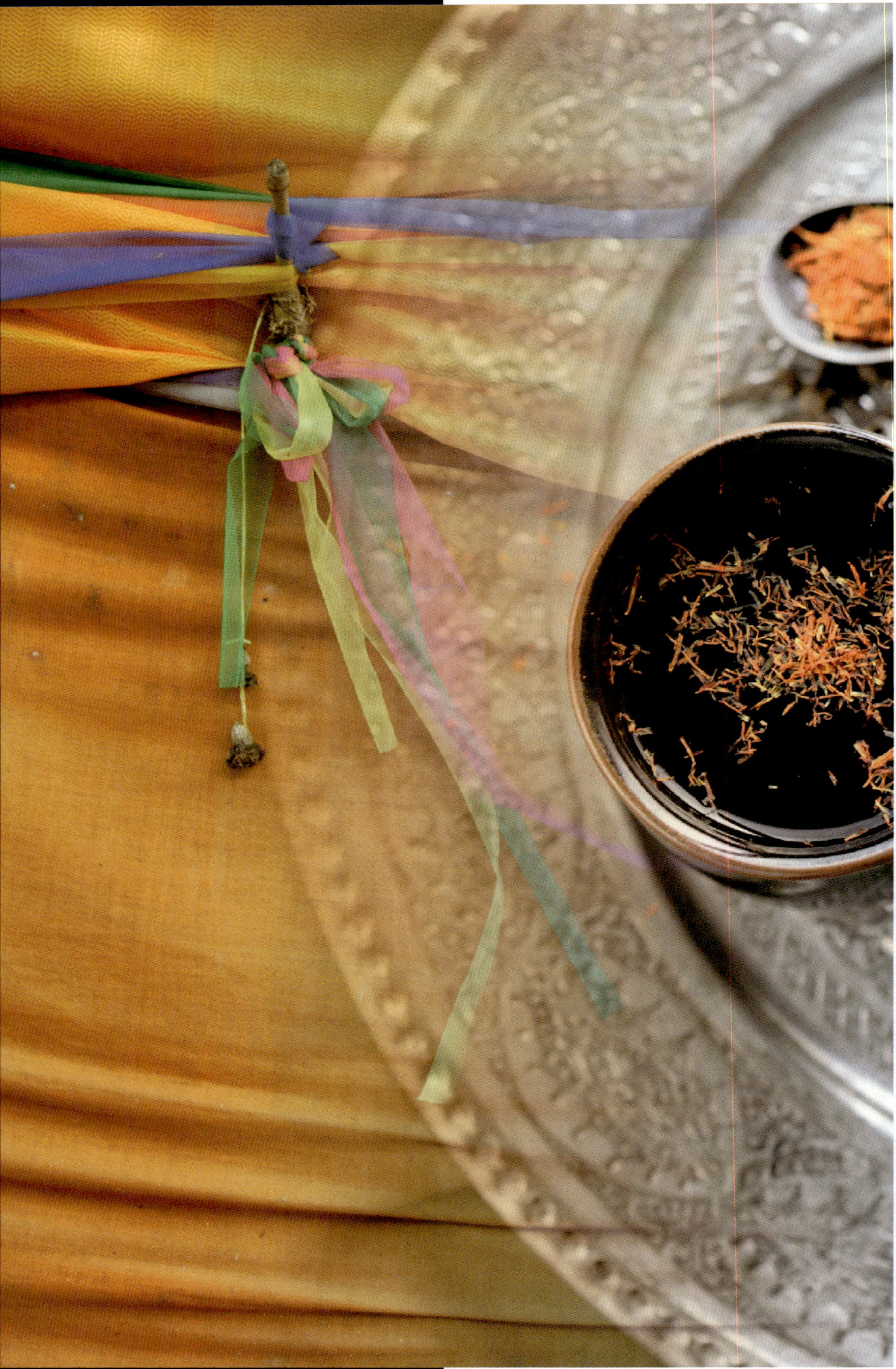

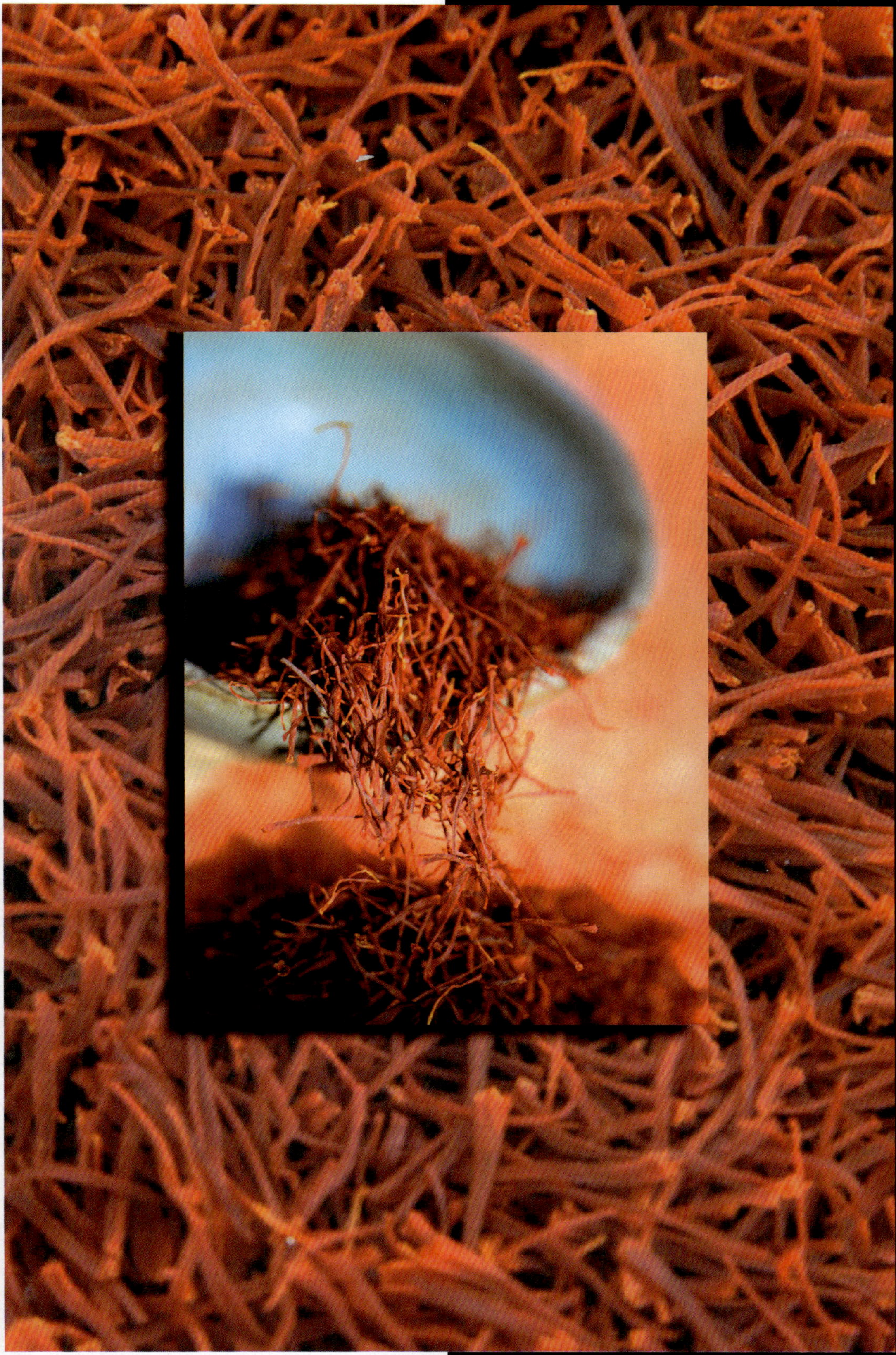

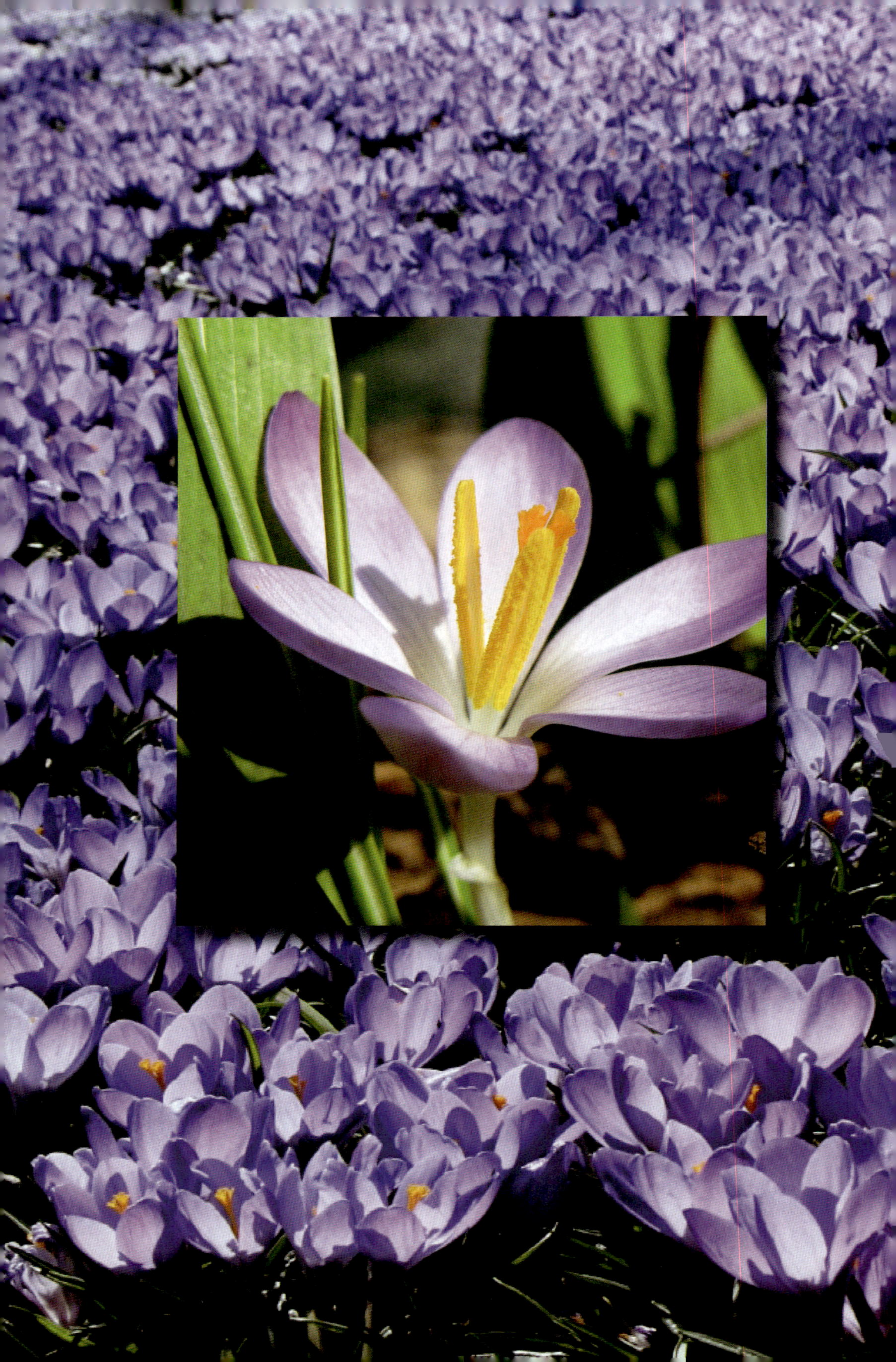

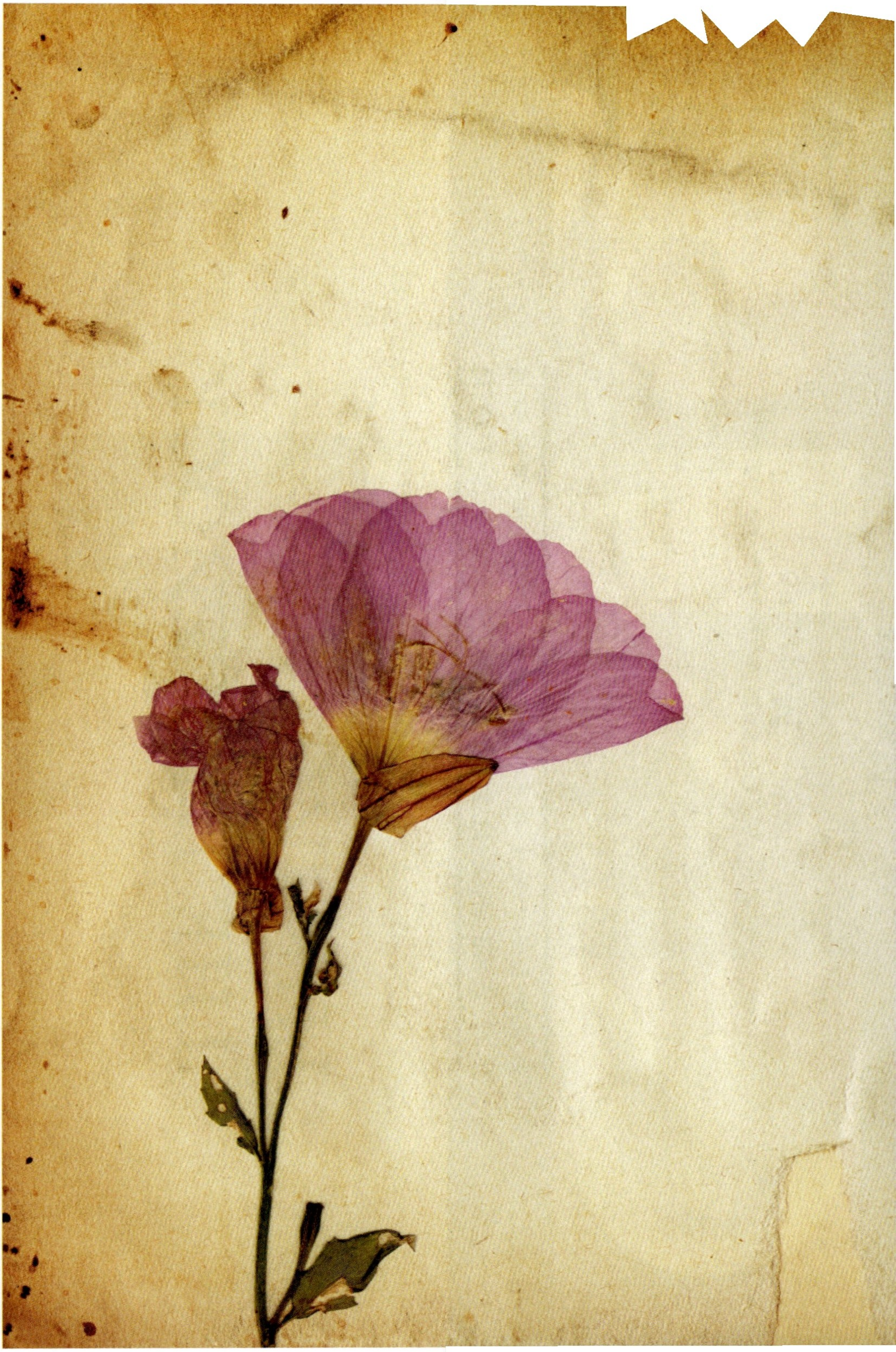

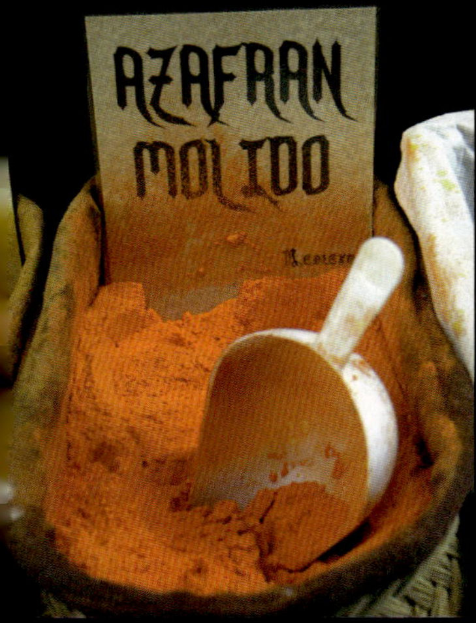
AZAFRAN
MOLIDO

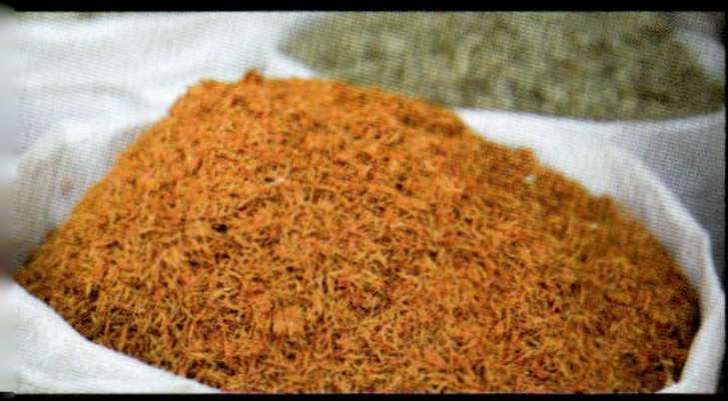

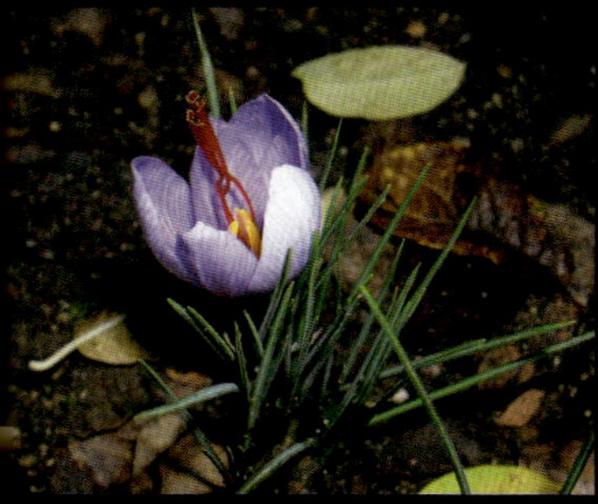

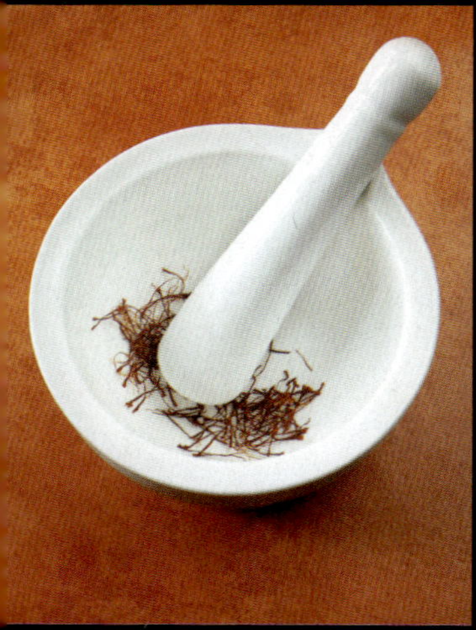

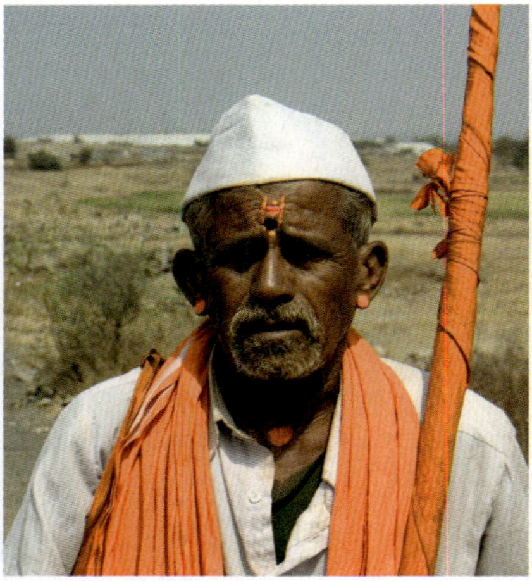

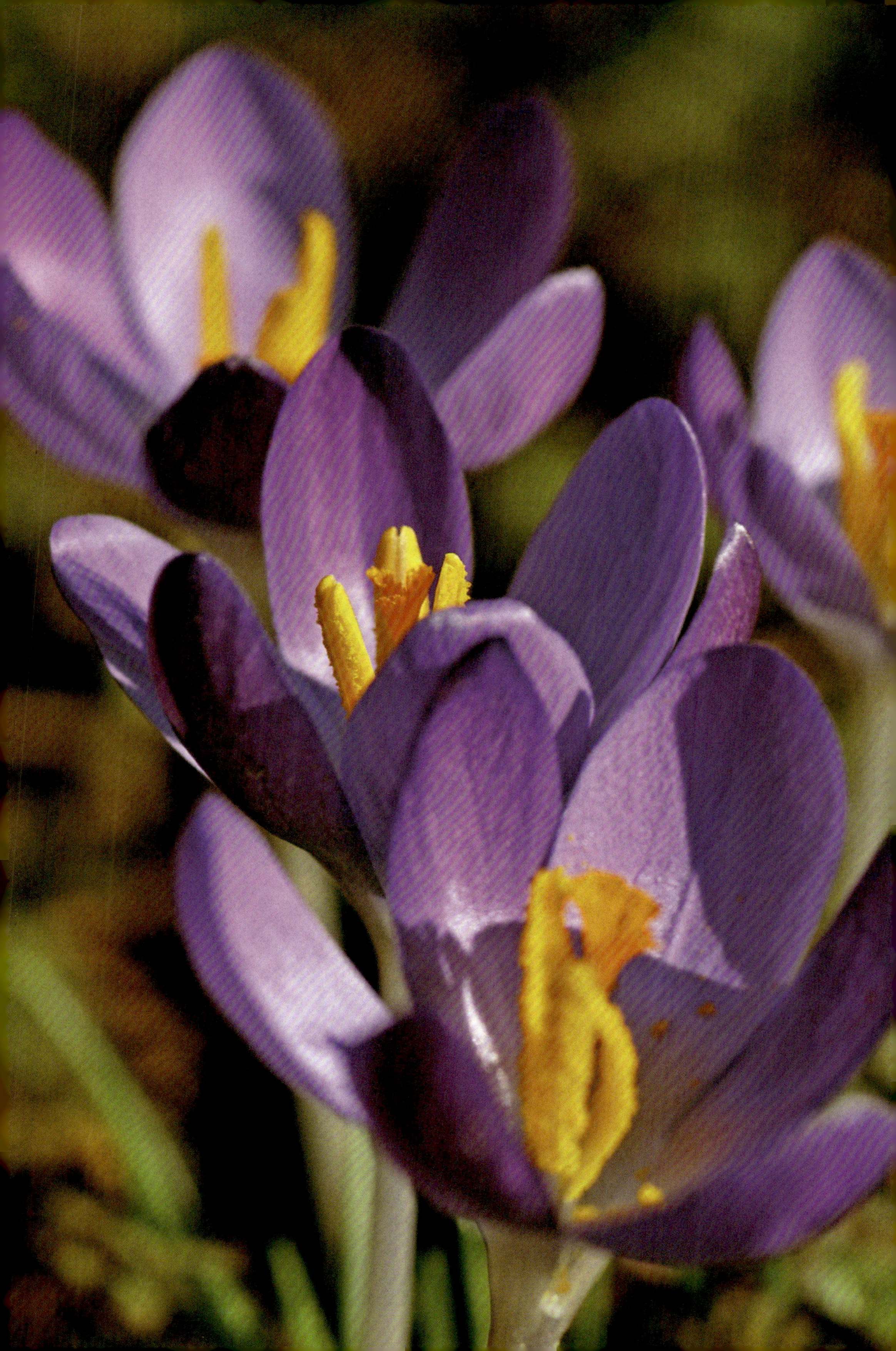

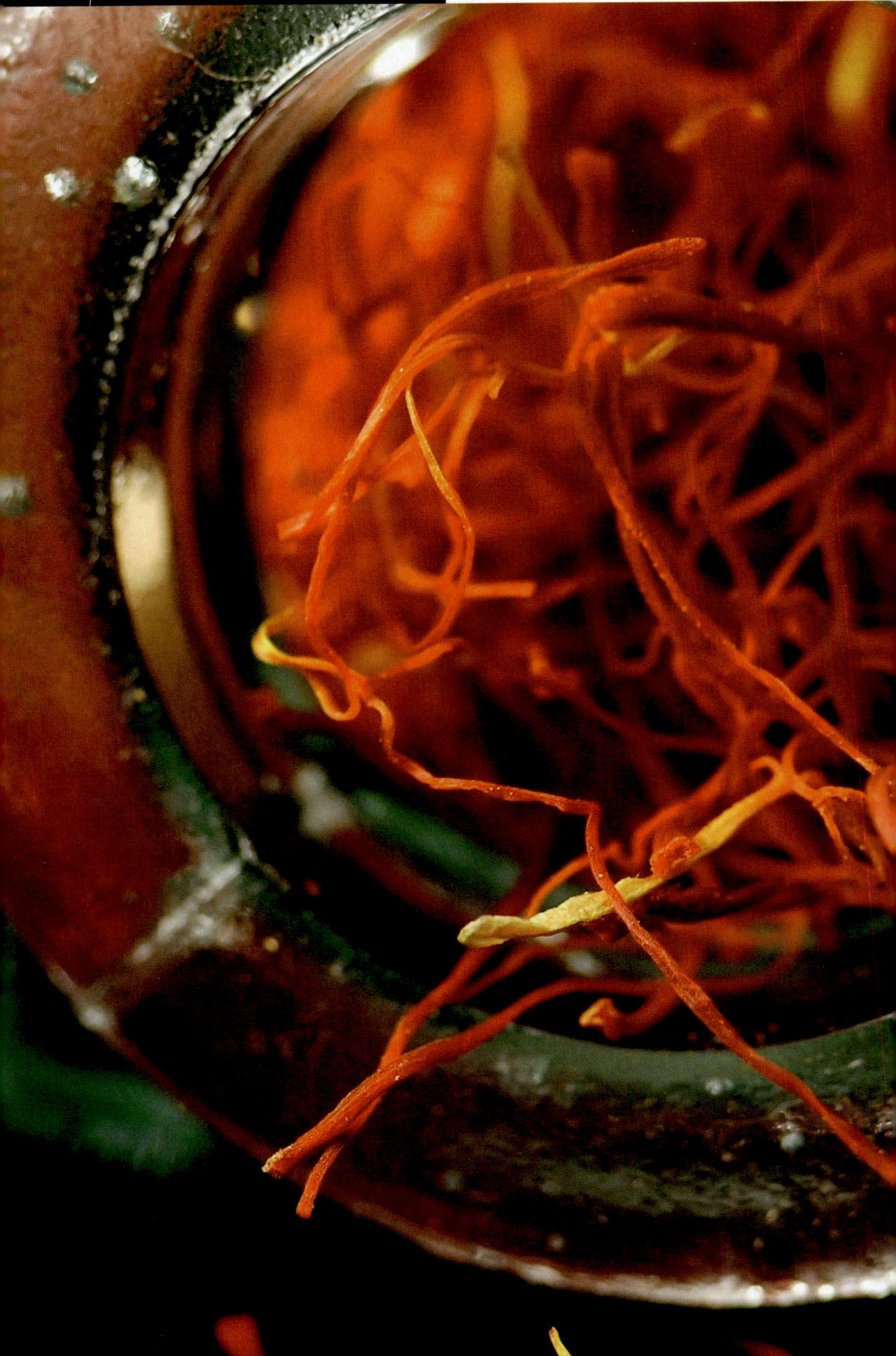

Thé vert : il contient des polyphénols et de l'EGCG (epigallocatecholgallate) qui agissent sur la prévention du vieillissement cellulaire et la stimulation des défenses immunitaires.

Écorce de pin : il est riche en proanthocianidines, molécules antioxydantes qui s'opposent à la peroxydation des membranes cellulaires agressées en permanence par les radicaux libres.

Sélénium : cet oligo-élément intervient dans la synthèse du glutathion peroxydase, enzyme antioxydante majeure dans la prévention du vieillissement des tissus de l'organisme. Voir en fin de chapitre

Acide alpha-lipoïque : cette coenzyme intervenant dans le cycle de Krebs, contribue à la neutralisation de plusieurs radicaux libres en favorisant le recyclage de la coenzyme Q10 et du glutathion peroxydase.

Curcuma : surnommé « le safran des Indes », cette épice appréciée de la cuisine indienne est un remède majeur de la médecine ayurvédique pour son action anti-inflammatoire antioxydante.

Coenzyme Q10 : participant à la synthèse de l'ATP (adénosine triphosphate), cet anti-oxydant protège les mitochondries cellulaires des dommages oxydatifs provoqués par les radicaux libres, dont les tuniques artérielles, en prévention du processus athéroscléreux.

Melon : ses composants participent à la synthèse du SOD (super oxyde dismutase), autre enzyme antioxydante majeure (avec le glutathion peroxydase) active dans la protection contre les radicaux libres.

Zinc : cet oligo-élément clé aux fonctions anti-inflammatoires et immunostimulantes intervient dans la synthèse d'une soixantaine d'enzymes, dont le SOD précieux dans la lutte contre le vieillissement.

Bêta carotène : ce précurseur de vitamine A protège les épithéliums de la peau contre les agressions (dont le rayonnement UV), ainsi que les membranes oculaires sensibles (cristallin, rétine).

Alpha tocophérol : cette vitamine E antioxydante agit en potentialisant l'action de plusieurs agents anti-âge (vitamine C, bêta carotène, sélénium, glutathion peroxydase) dans une synergie idéale.

Acide ascorbique : cette vitamine C aux multiples fonctions (anti-infectieuse, immunostimulante, tonique...) intervient dans la prévention des agressions du collagène de la peau et des cartilages.

Oméga 3 : ces acides gras polyinsaturés à longues chaînes moléculaires, EPA (acide eicopentaénoïque) et DHA (acide docosahexaénoïque), contribuent à la synthèse des prostaglandines, tromboxanes, leucotriènes et cytokines qui ont une action anti-inflammatoire, antiagrégante plaquettaire et vasodilatatrice, en prévention d'un vieillissement de l'organisme.
J'ai longuement développé les vertus de l'oméga 3 dans mon précédent ouvrage, la NUTRISTHETIQUE.

Les composants de « Anti-âge » étant énumérés, je vais à présent m'attarder plus longuement sur trois d'entre eux : le curcuma, le sélénium et le zinc.

Le curcuma

Dans la cérémonie indienne du mariage, les futurs époux se teignent la peau avec du curcuma pour connaître le bonheur tout au long de leur union. C'est dire combien cette plante est réputée en Inde.

On surnomme le curcuma (*curcuma longa*) « safran des Indes » ce qui est impropre, les deux plantes n'appartenant pas à la même famille, seule leur couleur est semblable, raison pour laquelle on incorpore du curcuma en poudre dans la poudre de safran.
Le curcuma est une plante de la famille des zingibéracées dont le rhizome (sa partie active) ressemble fortement à celui du gingembre. C'est une plante vivace d'environ 2 m de haut aux longues feuilles lancéolées et pointues, aux fleurs blanches réunies en épis. On récolte le rhizome, charnu, tubéreux, coudé, noueux, de couleur grise à l'extérieur et jaune d'or à l'intérieur, tirant sur l'orange. Après les avoir fait sécher au soleil pendant deux semaines, on épluche ces rhizomes et on les réduit en poudre d'une magnifique couleur jaune orangé qui rappelle donc la couleur du safran.
En Asie, le curcuma est une plante tinctoriale utilisée traditionnellement pour colorer les habits de fête pour les cérémonies de toutes les circonstances importantes de l'existence : naissances, baptêmes, fiançailles, mariages et aussi deuils.
Comme le safran, le curcuma est aussi symboliquement attaché à la spiritualité bouddhiste car les moines teignent leur robe en jaune orangé à l'aide de ces plantes.

C'est le navigateur portugais Garcia de Orta, au XVIe siècle, qui fit connaître le curcuma en Europe. À son retour il écrit :
« Le curcuma est tellement répandu en Asie qu'il n'y a pas de jardin où l'on ne le cultive. »
Il connut un vif succès à la Renaissance pour trois utilisations qui le caractérisèrent dès son introduction en Europe, comme plante tinctoriale, comme épice et comme remède, les apothicaires se l'appropriant afin de soigner les maladies digestives et hépatiques.
Le curcuma, épice reine du continent indien, est utilisé dans le monde entier seul ou mélangé à d'autres plantes sous le nom de curry ou carry dans lequel les épices qui lui sont associées sont la coriandre, la cannelle, le girofle, le piment rouge, le gingembre, le poivre, le cumin et la noix muscade. Le curry sert dans toute la cuisine indienne pour agrémenter les plats de riz, de légumes, de poissons et de viandes en sauce.

En Europe, on l'utilise comme ingrédient dans la fabrication de la moutarde et des condiments. C'est également un additif alimentaire qui permet de colorer naturellement certains produits en jaune : fromages, entremets... Son nom de code CEE est le E100. Non seulement il est précieux car naturel (et peu de colorants alimentaires le sont) mais il a ses vertus propres : c'est une plante médicinale essentielle de la médecine ayurvédique.

Sa composition spécifique explique les vertus du curcuma :
- curcumine (caroténoïde qui donne cette couleur jaune)
- curcumonoïdes et autres caroténoïdes alpha et bêta
- pinène, curcumène
- turmérone
- camphre

Ses propriétés sont les suivantes :
- antioxydant
- antivieillissement
- anti-inflammatoire
- cholérétique (stimulant la sécrétion de bile par le foie)
- cholagogue (stimulant le fonctionnement de la vésicule biliaire)
- digestif
- hypocholestérolémiant
- antispasmodique
- émollient
- bactéricide
- diurétique

Cela justifie ses nombreuses indications :
- vieillissement prématuré / accéléré de l'organisme
- insuffisance hépatique
- congestion hépatique
- cholécystite (inflammation de la vésicule)
- lithiase biliaire (calculs)
- hypercholestérolémie
- hyperlipidémie
- digestion difficile
- fermentations intestinales
- excès pondéral, cellulite

Il était important, pour moi, d'incorporer le curcuma aux produits à vertu anti-âge que mon laboratoire a élaboré.

Le sélénium

Pratiquement inconnu il y a 30 ans, le sélénium est aujourd'hui devenu l'oligo-élément numéro 1 tant ses propriétés sont précieuses.

Le sélénium est un métalloïde très proche du soufre, ayant une densité de 4,79 et fondant à 217° C. Symbolisé « Se », il fut ainsi baptisé par le chimiste suédois Jöns Jacob Berzelius en 1817 en hommage à Sélène, la déesse de la Lune, et personne ne lui porta une véritable attention pendant un siècle et demi jusqu'à la découverte du Dr John Rotruck. En 1973, ce médecin de l'université américaine du Wisconsin découvrit le rôle du sélénium comme cofacteur principal de la synthèse d'une substance antioxydante, le glutathion peroxydase (en association avec trois acides aminés, l'acide glutamique, la glycine et la cystéine, tous les trois sont issus de la fragmentation digestive des protéines).
Le glutathion peroxydase élaboré par l'organisme humain à partir du sélénium s'oppose à l'action des radicaux libres sur les membranes cellulaires (la membrane mitochondriale et la membrane cytoplasmique). Celles-ci sont préservées d'une oxydation / corrosion grâce à l'effet anti-radicalaire du glutathion peroxydase, ce qui leur permet de survivre et de remplir leurs fonctions sans vieillir prématurément.
Pour cette raison, on considère que le sélénium est un anti-oxydant majeur (donc antivieillissement), et cette propriété explique que le sélénium soit incorporé aux produits ayant une prescription anti-âge.

Dans la formulation de ces produits anti-âge, on associe souvent le sélénium aux trois vitamines ayant aussi des propriétés antioxydantes : la vitamine A, la vitamine C, la vitamine E. c'est le cas pour « Anti-âge ».

En août 1998, le NCI américain (National Cancer Institute) déclare qu'une supplémentation quotidienne en sélénium de 200 µg réduit de moitié le risque de cancer de la prostate. Cette déclaration très médiatisée a fait le tour du monde, et nombre d'études ont été entreprises depuis, y compris en France, quant aux vertus anticancéreuses du sélénium, tout au moins à titre préventif.
Les épidémiologistes s'accordent en effet pour dire que la « malbouffe » actuelle est une cause vraisemblable de cancers, en particulier de cancers du côlon à cause d'une manipulation excessive des aliments par la faute de l'industrie agro-alimentaire qui raffine à l'excès les produits, les transforme, les dénature avec des additifs nocifs. Le raffinage des aliments élimine certains composants biologiquement actifs, thérapeutiquement utiles, par exemple le sélénium, présent dans les enveloppes externes des grains de céréales (le son) et absent de la simple partie centrale. Quand on mange du pain blanc, du riz blanc, des pâtes blanches, on n'a plus aucune trace de sélénium. Voilà pourquoi les gens ont tant besoin de compléments alimentaires, au sens propre, pour compléter leur alimentation appauvrie.

La carence totale en sélénium entraîne une cardiomyopathie appelée maladie de Keshan, du nom d'une ville chinoise où elle a été étudiée, y étant plus fréquente que partout ailleurs dans le monde. Il s'agit d'une hypertrophie du myocarde qui provoque une insuffisance cardiaque.
S'étant rendu compte de l'absence de sélénium dans la nourriture des gens de cette région (principalement du riz blanc), une étude clinique a été menée auprès de 30 000 personnes auxquelles on a donné du sel de cuisine enrichi en sélénium. Le résultat corrobore ce qui est dit plus haut, la baisse de la mortalité par cancer du groupe ayant pris du sélénium a été de 13 %, ce qui est vraiment notable !
La carence partielle en sélénium induit le blanchiment du lit de l'ongle, des douleurs musculaires, une gêne à la marche, la chute des cheveux.

Les indications du sélénium découlent de ses propriétés anti-âges :
 - prévention du vieillissement accéléré de l'organisme
 - traitement des effets de la sénilité précoce
 - protection contre les accidents cardio-vasculaires
 - prévention des dégénérescences athéroscléreuses (cholestérol)
 - prévention de l'érosion articulaire (arthrose)
 - stimulation des défenses immunitaires

- complément au traitement des maladies infectieuses
- des infiltrations des métaux lourds (plomb, mercure)
- protection contre la pollution ambiante (fumée de tabac)
- stimulation de l'activité sexuelle
- traitement de l'alopécie (chute des cheveux)

Le zinc

Le zinc est un métal blanc bleuâtre (symbole Zn) que l'on trouve à l'état naturel dans le monde minéral sous forme de blende (sulfure de zinc) ou de calamine (carbonate de zinc). L'oligothérapie utilise également sous deux autres formes de sels, l'oxyde de zinc et le permanganate de zinc.

Il est vrai que le zinc a gagné depuis peu l'un des premiers rangs de la hiérarchie des oligo-éléments tant son importance apparaît vital au sein de l'organisme.

Le corps humain en contient environ 2,5 g (soit 1 à 2 g de moins seulement que le fer, pour donner un ordre de grandeur) et son omniprésence est impressionnante. Stocké dans le foie, le pancréas, la prostate (chez l'homme) et les glandes surrénales, le zinc est en effet un cofacteur enzymatique majeur puisqu'il entre dans la composition de plus de 100 enzymes différentes.
Pour donner un seul exemple de ce rôle enzymatique, le zinc est l'agent clé de la Super Oxyde Dismutase (SOD) en association avec le cuivre et le manganèse. Cette enzyme a des propriétés antioxydantes, s'opposant à la prolifération des radicaux libres.

Les tissus humains les plus vulnérables vis-à-vis des phénomènes d'oxydation sont la membrane plasmique (qui entoure le cytoplasme) et la membrane mitochondriale qui protège les mitochondries situées au sein de ce cytoplasme cellulaire. Les cellules de la peau étant particulièrement fragiles et vénérables, sensibles à cette oxydation destructrice, on comprend l'intérêt d'une supplémentation en zinc de tout nutriment interne ou produit externe visant à traiter les dermatoses en général, l'acné en particulier.
Encore faut-il que ce zinc soit assimilable par l'organisme humain.

Le monde minéral est bien sûr riche en zinc, c'est son origine directe, mais ce zinc n'est pas le plus indiqué pour sa biodisponibilité. Le monde végétal puise dans le sol les substances nutritives nécessaires à sa croissance, dont le zinc. Les aliments végétaux les plus riches en zinc sont les céréales complètes, les légumineuses (soja) et les fruits secs (noix). Mais le raffinage excessif des aliments, aujourd'hui, implique de consommer des nutriments riches en zinc : la levure de bière, le germe de blé, le pollen, les algues marines.

Le monde animal concentre le zinc puisque les organismes vivants en font la synthèse. Les huîtres en sont les plus riches, le foie de veau, le jaune d'œuf.

Les principales propriétés du zinc sont les suivantes :
- prévention du vieillissement
- stimulation des défenses immunitaires
- accélération de la cicatrisation des plaies et des brûlures
- contribution à la synthèse de l'insuline pancréatique
- contribution à l'élaboration des macromolécules de collagène
- stimulation des fonctions sexuelles
- harmonisation de l'équilibre acido-basique de l'organisme

Et les indications qui en découlent sont précieuses :
- vieillissement prématuré / accéléré de l'organisme
- fragilité immunitaire
- maladies infectieuses microbiennes et virales
- prévention en cas d'épidémies
- maladies infantiles
- fatigue chronique
- convalescence post-opératoire
- consolidation des fractures
- diabète (insulinodépendant ou non)
- régénération des tissus conjonctifs (par exemple, les cartilages)
- impuissance masculine
- dermatoses : acné, eczéma, vitiligo, psoriasis

Si vous avez l'impression de vieillir trop vite et si vous souhaitez freiner ce processus, je vous invite sincèrement à découvrir sans tarder « Anti-âge » qui a été formulé précisément pour cela.

COMPLEXE VITAMINES,
12 VITAMINES & 7 MINERAUX ASSOCIES AU SAFRAN

J'ai formulé ce complément alimentaire très complet pour répondre au paradoxe nutritionnel de notre époque.

En effet, nous vivons une époque paradoxale. Alors que les magasins regorgent de produits toujours plus sophistiqués, alors que nos réfrigérateurs débordent d'aliments toujours plus attrayants, la valeur nutritionnelle du contenu de nos assiettes diminue chaque jour au regard de ce qu'elle était il y a deux ou trois générations.
Il faut dire que nos besoins caloriques ont diminué de moitié au XXe siècle avec la chute de notre métabolisme basal correspondant au changement radical de notre mode de vie plus sédentaire. Pour simplifier, alors que nous consommions plus ou moins 4000 calories il y a 100 ans nous en consommons aujourd'hui 2000 à 2500. Ce déficit a des conséquences préjudiciables car notre ration alimentaire quotidienne n'assure plus une couverture nutritionnelle équilibrée et diversifiée propre à satisfaire nos besoins en vitamines et en minéraux. C'est vraiment le problème qu'il faut mettre en exergue pour comprendre la nécessité de consommer « Complexe vitamines ». Les méfaits de l'industrie agroalimentaire dénaturent totalement nos aliments (au sens propre) avec des triturations chimiques, des colorants, des conservateurs, des gélifiants, des correcteurs de goût, des stabilisants, des épaississants…

Où se trouvent vitamines et minéraux ? Toujours plus de sucres rapides (inutiles), toujours plus de graisses saturées et moins d'aliments vivants capables d'aider l'organisme à se régénérer en permanence à se revivifier à se reconstruire.

Sans parler des dérives de notre existence : l'abus de tabac, la consommation excessive d'alcool, la pollution de notre environnement, les méfaits de l'air conditionné, les perturbations électromagnétiques de nos écrans (télévision, ordinateur), le stress, le manque de sommeil, … qui ne contribuent pas à améliorer la situation. Loin de là, elles l'aggravent.

Alors, nombre de problèmes surgissent :
- nous perdons la mémoire
- nos articulations nous font souffrir
- nos artères se bouchent
- nos hormones se tarissent
- notre vision s'altère
- notre libido nous trahit…

Il s'ensuit un sentiment de mal-être, une lassitude physique et mentale généralisée. C'est la raison pour laquelle j'ai formulé « Complexe vitamines » qui est un complément nutritionnel de grande valeur par sa richesse en vitamines et minéraux associés au safran.

Voici résumées, les propriétés des composants de « Complexe vitamines » :

Bêta carotène (précurseur de rétinol = vitamine A.) : accroît la résistance aux infections, favorise la cicatrisation, prévient la dégénérescence maculaire, contribue à la beauté de la peau.

Vitamine D (calciférol) : favorise l'assimilation du calcium et du magnésium, ce qui accroît la solidité des os, permet la consolidation des fractures, prévient la décalcification et l'ostéoporose.

Vitamine E (tocophérol) : accroît la longévité par son action antioxydante qui protège les membranes cellulaires en neutralisant les radicaux libres facteurs du vieillissement de l'organisme.

Vitamine C (acide ascorbique) : stimule les défenses immunitaires, faisant écran aux infections microbiennes et virales, dynamise la force physique, le tonus musculaire et l'énergie vitale.

Vitamine B1 (thiamine) : régule le fonctionnement du système nerveux, sa carence entraînant une grande fatigue, faiblesse physique, épuisement intellectuel, dépression nerveuse.

Vitamine B2 (riboflavine) : favorise le métabolisme des glucides, des lipides et des protéines, ce qui contribue à l'équilibre nutritionnel et stimule la régénération des tissus.

Vitamine B3 (niacine ou vitamine PP) : facilite la production et le transport de l'énergie dans le corps, favorise la respiration cellulaire, stimule la synthèse des neuromédiateurs cérébraux.

Vitamine B5 (acide pantothénique) : cofacteur du coenzyme A, favorise la régénération des épithéliums, sa carence entraînant fatigue générale, dermatoses, chute des cheveux.

Vitamine B6 (pyridoxine) : participe à la synthèse de la sérotonine et de la dopamine, deux neuromédiateurs essentiels à l'équilibre du système nerveux, sa carence entraînant une dépression.

Vitamine B8 (biotine ou vitamine H) : contribue au renouvellement permanent des cellules épithéliales des couches internes de la peau, sa carence entraînant acné, eczéma, séborrhée.

Vitamine B9 (acide folique) : permet la synthèse des globules rouges par la moelle osseuse, propriété essentielle en cas d'anémie, sa carence entraînant un épuisement généralisé de l'organisme.

Vitamine B12 (cobalamine) : ayant une fonction identique à celle de l'acide folique, sa carence, bien souvent chez les végétariens, entraînant anémie, asthénie et anorexie.

Fer : participe à la synthèse de l'hémoglobine du sang et de la myoglobine musculaire et intervient dans toutes les fonctions vitales de l'organisme, sa carence entraînant anémie et grande fatigue.

Potassium : régule au sein des cellules la pression osmotique (avec le sodium extracellulaire) et l'équilibre acido-basique, contribue à la bonne excitabilité du cœur et des muscles.

Zinc : entre dans la composition de plusieurs enzymes majeures, dont celles qui stimulent l'immunité, participe à la synthèse des lymphocytes, des acides aminés et de l'insuline pancréatique.

Sodium : composant essentiel des liquides interstitiels et circulants, régule la pression osmotique (avec le potassium), favorise la contraction musculaire et la transpiration pendant un effort.

Cuivre : participe à la synthèse de l'hémoglobine (avec le fer), accroît la protection contre les infections, contribue à résoudre des pathologies inflammatoires, stimule les corticosurrénales.

Manganèse : stimule le fonctionnement du foie et des reins, renforce l'immunité naturelle, protège l'organisme contre les allergies, asthme, rhume des foins, urticaire.

Chrome : entre dans la composition d'une molécule essentielle à la régulation de la glycémie (GTF : glucose tolérance factor), évite les pics d'hypoglycémie qui provoquent la fringale et le grignotage.

Comme je l'ai fait dans le chapitre précédent sur le complément alimentaire « Anti-âge », je ne développerai, en raison d'un manque de place, que trois composants de « Complexe vitamines ».

Le bêta carotène, précurseur de vitamine A

La vitamine A fut la première vitamine à être découverte, d'où son nom qui emprunte tout simplement la première lettre de l'alphabet.

Elle est appelée rétinol au regard de son action bénéfique sur la rétine de l'œil. Elle est exclusivement d'origine animale, sa principale source étant le foie de poisson. Elle a comme particularité d'être liposoluble.

Les animaux d'une façon générale, les mammifères en particulier et par conséquent les hommes ont la capacité de faire la synthèse de la vitamine A à partir d'une substance végétale nommée carotène.

Il existe plus de 500 variétés de caroténoïdes dans les plantes, les légumes et les fruits, les principaux étant : l'alpha carotène, le bêta carotène, la lutéine, le lycopène, la zéaxanthine. Les caroténoïdes végétaux permettant à l'organisme humain de fabriquer de la vitamine A sont dits précurseurs de vitamine A (provitamines A).

Les carences en vitamines A sont graves :
- c'est la principale cause de cécité infantile dans le monde
- lésions oculaires (opacité de la cornée, xérophtalmie)
- diminution de l'acuité visuelle
- diminution de la vision crépusculaire
- dessèchement de la peau (hyperkératose) et des muqueuses
- ongles cassants, chute des cheveux
- retards de croissance chez les enfants, fragilité osseuse
- sensibilité accrue aux maladies infectieuses
- troubles digestifs

Les propriétés et les indications en vitamines A sont nombreuses :
- C'est la vitamine de l'œil, permettant à la fois le maintien de la transparence du segment antérieur (cornée) et le bon fonctionnement de la rétine. Elle favorise également la vision crépusculaire en stimulant les récepteurs rétiniens en cas de faible intensité lumineuse. On l'indique aussi en cas de cataracte, de glaucome ou de conjonctivite.
- C'est aussi la vitamine de la croissance, car elle s'associe à la vitamine D (elle aussi liposoluble) pour fixer le calcium.
- Elle aide à la cicatrisation des plaies et à la régénération des tissus épithéliaux, d'où son usage en dermatologie (psoriasis, vitiligo, mais aussi déshydratation et vieillissement de la peau) et en cas de brûlures, de greffes, d'ulcères variqueux, d'escarres, de crevasses, d'eczéma, sans oublier le délicat érythème fessier des nourrissons.

- Elle augmente la résistance aux maladies infectieuses (microbiennes ou virales) en association avec la vitamine C. Très utile en cas d'épidémie de grippe, par exemple, à titre préventif.
- Elle stimule les capacités propres de l'organisme à se mobiliser et à se défendre en cas d'effondrement des défenses immunitaires.
- Enfin, et ce n'est pas son moindre intérêt, elle est un très puissant anti-oxydant associé à la vitamine E. Elle freine l'action des radicaux libres et s'oppose aux pathologies dégénératives liées au vieillissement.

La vitamine C

La vitamine C (acide ascorbique) est indispensable au bon fonctionnement de l'organisme. Elle a été isolée pour la première fois en 1932 à partir du citron (d'où son nom, C pour Citrus).

La carence totale en vitamine C entraîne une très grave maladie, le scorbut. Autrefois, le scorbut décimait les équipages des navires qui s'embarquaient pour de longs mois sans manger aucun fruit ni aucun légume. Il était aussi endémique dans les prisons faute d'une alimentation en produits frais.

Le scorbut provoque de graves hémorragies au niveau des gencives mais aussi de l'estomac et des intestins. Les reins sont touchés, ainsi que les muscles. La perte de poids est considérable. Les dents tombent.

De nos jours, le scorbut est devenu rare, ne touchant plus que les gens qui s'alimentent vraiment mal, sans légumes, sans produits frais. Il peut aussi affecter les bébés trop longtemps nourris au seul lait stérilisé, sans diversification de l'alimentation (voilà pourquoi les pédiatres conseillent d'introduire assez tôt le jus d'orange au régime).

Une carence en vitamine C. entraîne :
- une grande fatigue
- une moindre résistance aux maladies infectieuses
- un saignement des gencives et un déchaussement des dents
- une maigreur pathologique

Attention, l'alcool et le tabac contrarient l'assimilation de l'acide ascorbique, ainsi qu'une source de stress chronique et une corticothérapie prolongée. Une intense fatigue peut en découler.

Les propriétés et indications de la vitamine C sont les suivantes :
- C'est la vitamine anti-infectieuse qui défend l'organisme en stimulant la mobilisation des anticorps. À prendre en cas d'épidémie.
- Immuno active, elle agit sur la multiplication de certains globules blancs spécifiques (lymphocytes neutrophiles) et la production d'interféron, ce qui permet à l'organisme de mieux résister contre les microbes, contre les virus.
- Antioxydante, elle freine la destruction des membranes cellulaires en synergie avec la vitamine A et la vitamine E.
- Elle joue un rôle décisif dans la formation du collagène du tissu conjonctif et intervient dans la régénération de la peau, des cartilages, des ligaments, des os, des vaisseaux sanguins.
- Elle favorise le métabolisme de la proline, de l'acide folique, de la lysine, de la tyrosine et du tryptophane. La vitamine C est donc indiquée en cas de :
  - grippe, rhume, bronchite
  - mononucléose
  - grande fatigue
  - asthénie, dépression nerveuse
  - stress
  - convalescence après une opération
  - convalescence après une maladie
  - décalcification, déminéralisation
  - dermatoses, ulcères de la peau
  - pyorrhée dentaire, caries, gingivites, parodontose

La vitamine E

Pour combattre les méfaits de notre environnement pollué et de notre alimentation dénaturée, la vitamine E vient au secours de l'organisme.

En 1922, Evans et Bishop mirent en évidence l'intérêt de la vitamine E extraite du germe de blé dans l'ovulation, la gestation et la conception chez la femelle de rat ainsi que dans l'accroissement de production de liquide séminale chez le rat mâle.
La réputation de la vitamine E attachée à la fécondité et à la sexualité prend ici sa source, bien avant que ne soit démontré expérimentalement son action antioxydante qui explique aujourd'hui l'engouement considérable et justifié voué à cette vitamine.

La vitamine E est composé de sept variétés différentes de substances appelées tocophérols, la forme la plus active étant l'alpha-tocophérol.

L'avitaminose E peut être due à un défaut d'assimilation, au niveau du duodénum, par déficit de sécrétion des sels biliaires, ou bien par insuffisance des bêta-lipoprotéines du plasma sanguin qui véhicule l'alpha-tocophérol depuis le foie où il est stocké jusqu'aux différents sites d'utilisation par l'organisme, principalement les muscles, les glandes génitales, les glandes surrénales, la peau.

Cette carence peut aussi simplement provenir d'une nourriture trop raffinée ou ne contenant pas en quantité suffisante d'aliments riches en vitamine E.

L'avitaminose E provoque :
- l'impuissance masculine
- la frigidité féminine
- des lésions de peau
- une dystrophie musculaire pouvant évoluer vers une atrophie (dans des cas graves, chez certains enfants prématurés ou non allaités par leur mère) ainsi que des problèmes cardio-vasculaires et un vieillissement accéléré et pathogène de l'organisme.

La vitamine E voit son action antioxydante renforcée par la présence d'une autre vitamine liposoluble, la vitamine A. Des travaux récents ont par ailleurs démontré la synergie idéale entre ce duo anti-oxydant (E + A) et la troisième vitamine à effet anti-radicalaire, la vitamine C.

C'est la raison pour laquelle j'ai associé ces trois vitamines dans « Complexe vitamines », avec la vitamine D et les 8 vitamines du groupe B, un complexe unique enrichi de 7 minéraux et de safran. Ce puissant stimulant de la vitalité est à conseiller vivement à toutes les personnes fatiguées et déprimées.

SLIM DÉTOX, UNE BOISSON COMME VOUS N'EN AVEZ JAMAIS BU

Bien des personnes qui ont déjà bu Slim détox ont déclaré n'avoir jamais rien vu de semblable tant cette boisson est doublement appréciée pour son goût, acidulé, rafraîchissant, subtil, aromatique, et pour ses effets sur l'organisme, un drainage et une dépuration concernant tout à la fois les reins, les intestins et le foie, authentique détoxination globale.

Boire Slim détox représente une excellente préparation à un programme amincissant, mais plus encore. En naturopathie, la restauration du bien-être et de la vitalité est conditionnée par le drainage des déchets et toxines qui asphyxient les cellules et qui entravent le fonctionnement des organes, provoquant une fatigue générale.

Il est utile de préciser que le père de la naturopathie fut Hippocrate (460 - 377 avant Jésus-Christ) qui proclama « *Primum non nocere* » et « *Natura medicatrix* » (c'est la nature qui guérit). De l'œuvre d'Hippocrate, la plupart des gens n'ont retenu que l'expression « Que ton aliment soit ton médicament » ce qui est essentiel puisque la diététique est le fondement de la santé mais il convient de mettre également en lumière les deux expressions citées précédemment.

La naturopathie hippocratique a une approche holistique, mot dérivé du grec holos signifiant global. L'être humain doit être considéré dans sa globalité physique, mentale et émotionnelle. Hippocrate énonce la notion d'humorisme. Les « humeurs » d'Hippocrate, redéfinies en des termes contemporains, sont le sang, la lymphe, les liquides interstitiels, dans lesquels baignent les cellules et les liquides intracellulaires, dans lesquels baignent les organites du cytoplasme des cellules. Les grands noms de la naturopathie, au XXe siècle, son Kneipp, Shelton, Mono, Carton, Henry Charles Geoffroy et Pierre Valentin Marchesseau. C'est ce dernier qui réalisa dès 1935 la synthèse de tous les mouvements de la naturopathie. Pour toute affection, Marchesseau propose une cure de désintoxication préalable pour stimuler l'élimination des surcharges humorales. C'est précisément la fonction de Slim détox.

Quelque soit notre problème de santé, il faut COMMENCER par nettoyer notre organisme, le désintoxiquer avec « Slim détox ».

Les liquides biologiques représentent deux tiers du corps, et la naturopathie considère que la maladie est directement provoquée par les déchets s'accumulant dans ces liquides. Cette accumulation toxique asphyxie les cellules, encombre les tissus, perturbe le fonctionnement des organes.

En naturopathie, on ne parle plus de nos jours d'humorisme hippocratique mais de « médecine de terrain ». Ainsi, pour prendre un seul exemple, un déséquilibre acido-basique entraînant une baisse du pH en deçà de ses normes physiologiques provoque un accroissement de l'accumulation d'acide urique dans les articulations. Dans ce cas, en naturopathie, la thérapie sera double : régulation du pH grâce à un nutriment spécifique et drainage simultané avec « Slim détox ».

Par exemple, pour prendre le cas de l'arthrose, la reconstruction du cartilage sera d'autant plus efficace que préalablement, ou simultanément, on libère l'articulation polluée, encrassée, encombrée, asphyxiée, congestionnée. Et pour cela il n'y a pas d'autre solution que le drainage des déchets métaboliques. Ce drainage se fait par stimulation des émonctoires excréteurs : les reins, les intestins, le foie, les glandes sudoripares de la peau, les alvéoles pulmonaires.

Les cinq émonctoires de l'organisme sont de véritables stations d'épuration. Ils agissent tels des filtres. Ils retiennent, au sein des liquides biologiques, ce dont nous avons besoin pour vivre et ils rejettent les déchets et toxines dans :
- Les urines (émonctoire rénal)les selles (émonctoire intestinal)
- la bile (émonctoire hépatique)
- la transpiration (émonctoire dermique)
- la respiration (émonctoire pulmonaire)

Les plantes diurétiques et dépuratives stimulent cette élimination. Mais quand la SURCHARGE DE DECHETS TOXIQUES EST TROP FORTE cette action ne suffit pas. Il faut « ouvrir les vannes » de l'organisme. Pour ouvrir celles-ci il faut une clé. Cette clé est « Slim détox ».

La boisson « Slim détox » est idéalement composée :
- huile essentielle de safran
- hibiscus
- thé vert

Ayant déjà développé les vertus du safran tout au long de ce livre, je n'évoquerai que les deux autres composants.

L'hibiscus : thé rose d'Abyssinie

L'hibiscus (*hibiscus sabdariffa*) est une plante tropicale de la famille des Malvacées, la même famille que la mauve européenne. Il a deux principaux surnoms : karkadé, thé rose d'Abyssinie. L'Abyssinie est l'ancien monde de l'Éthiopie, un des berceaux de l'humanité, dans la région Est africaine reliant le Nord du Kenya à la mer rouge, et où prospéra autrefois le royaume du Négus, le « roi des rois ».

L'hibiscus, originaire de l'Amérique centrale, était une plante précieuse pour les Mayas, les Aztèques, les Toltèques, les Olmèques, les Huaxtèques, les Tzotzils, les Totonaques.

Ces peuples se servaient de toutes les parties de la plante :
- les racines, comme remède universel, panacée tel le ginseng d'Asie
- les feuilles, comme légume accompagnant le maïs, leur céréale
- les fleurs, comme boisson souveraine, les faisant infuser dans l'eau.

L'hibiscus est une plante herbacée vivace d'environ 1,5 m de haut dont la robuste tige hérissée porte de larges feuilles veloutées à l'aisselle desquelles naissent de magnifiques fleurs solitaires, de couleur pourpre, avec un calice à lobe charnu. Ce sont les fleurs, et uniquement elles, qui sont récoltées pour leur usage médicinal. Après dessiccation, les calices de fleurs d'hibiscus conservent cette couleur originelle qu'ils restituent en partie à l'eau après infusion, décoction ou macération en lui donnant cette couleur rose caractéristique qui valut son surnom de « thé rose » à la plante.

Les fleurs d'hibiscus sont d'une extraordinaire richesse quant à leurs composants :
- acide hibiscique
- acide ascorbique (vitamine C, en grande quantité)
- autres acides organiques : acide citrique, acide malique, acide tartrique
- flavonoïdes : gossypétine, hibiscétine, sabdarétine
- hétérosides : gossytrine, hibiscitrine, hibiscine, delphinidine
- bêta carotène, précurseur de vitamine A
- vitamines B1, B2, B3
- calcium, potassium, magnésium, fer
- phytostéroline
- mucilage (en quantité)

C'est son exceptionnelle richesse en acide hibiscique, acide ascorbique, acide citrique, acide malique, acide tartrique qui donne au thé rose d'Abyssinie sa saveur acidulée si agréable au goût.

Les propriétés de l'hibiscus sont vraiment multiples :
- diurétique, stimulant la sécrétion urinaire
- dépuratif, stimulant plusieurs émonctoires : reins, foie, intestins, peau
- cholérétique et cholagogue, aidant sécrétion et excrétion de la bile
- laxatif doux, accélérant le transit intestinal
- sudorifique, favorisant la sécrétion de la sueur
- hydrodraineur, favorisant la désinfiltration des tissus
- lipodraineur, stimulant le déstockage des graisses
- hypotenseur
- hypolipidémiant, actif sur les macromolécules lipidiques du sang : cholestérol, triglycérides

L'énumération de ces propriétés indique que l'hibiscus a une triple action sur :
- l'élimination de l'eau qui infiltre les tissus
- l'élimination des graisses qui surchargent l'organisme
- l'élimination des déchets métaboliques qui asphyxient des cellules

Il s'ensuit une authentique libération du corps par :
- désinfiltration de l'eau
- désincrustation des graisses
- désincarcération des toxines

Sans être exhaustif, les indications majeures de l'hibiscus sont :
- surcharge pondérale
- obésité
- cellulite
- œdèmes
- état pléthorique de l'organisme
- état congestif et inflammatoire
- paresse hépatique
- lithiase urinaire
- lithiase biliaire
- constipation fonctionnelle chronique
- hypertension
- hyperlipidémie
- hypercholestérolémie
- hypertriglycéridémie
- fatigue générale

La concentration exceptionnelle de l'hibiscus en acide ascorbique (vitamine C) et autres acides organiques (citrique, malique, tartrique, hibiscique) lui confère des propriétés toniques. Or nous le savons, les régimes amincissants, qui sont privatifs, entraînent bien souvent une fatigue, aussi bien physique que mentale. L'hibiscus, et ce n'est pas son moindre intérêt dans une stratégie minceur, donne du tonus et de l'énergie.
Autant de bonnes raisons de l'avoir incorporé dans « Slim détox ».

Le thé vert

Le théier (*camellia sinensis*) possède des feuilles que l'on fait habituellement fermenter après la récolte pour obtenir le thé noir, celui qui est consommé en l'état, principale boisson dans le monde après l'eau.

Pour son utilisation thérapeutique, on récolte uniquement les boutons floraux et les deux premières feuilles. On ne les fait pas fermenter, mais on les fait simplement sécher dès la cueillette, obtenant ainsi ce que l'on appelle le thé vert ou encore le thé vierge.
Les actifs non fermentés du thé vert conservent ainsi toute leur valeur thérapeutique, à l'inverse de ce qu'ils deviennent au terme du processus de fermentation qui en modifie la nature.

Le thé vert est avant tout exceptionnellement riche en alcaloïdes : théine, caféine, théophylline, théobromine. Ces molécules alcaloïdes ont tout d'abord des propriétés toniques :
- stimulation du fonctionnement cérébral
- dynamisation de l'activité intellectuelle
- amélioration de la vigilance
- développement de l'attention
- recul de l'apparition de la fatigue

L'action antiasthénique (anti-fatigue) du thé vert est précieuse en prévention de la baisse du tonus et de l'énergie pouvant survenir en cas de carence ou de restriction calorique excessive. Il est important de le repréciser, un protocole amincissant mal maîtrisé conduit à une fatigue générale, physique et mentale, et une dépression qui conduit généralement à interrompre le régime entrepris, avec un effet boomerang bien connu, le poids perdu étant alors très vite repris.

Les alcaloïdes du thé vert ont également un rôle sur la stimulation de la lipolyse, déstockage des graisses stockées dans les cellules adipocytes de l'organisme. La théine favorise en effet la fragmentation de ces graisses, puis leur mobilisation et leur combustion dans les mitochondries, leur élimination. Ce thé vert est donc conseillé en cas de surcharge pondérale. Il fait merveille pour faire fondre la cellulite. Il est également diurétique.

Cette plante stimule puissamment la thermogenèse, c'est-à-dire qu'elle accroît de façon spectaculaire la combustion des graisses au-delà des besoins de notre métabolisme de base.

On lui attribue également grâce à la grande quantité de tanins qu'elle contient, d'une part la régulation de l'assimilation intestinale de la théine grâce aux actifs astringents ayant un effet retard qui permet l'assimilation progressive de la théine au fur et à mesure de la digestion, sans pics spectaculaires comme après avoir bu par exemple un café qui ne possède pas, lui, de tanins pour amortir son absorption, d'autre part un freinage et un retardement de l'assimilation intestinale des sucres et des graisses contenus dans l'alimentation. Cette propriété est intéressante pour les personnes qui veulent maigrir car le nombre de calories absorbées se trouve diminué par l'action des tanins.

Un autre composant bénéfique est contenu dans le thé vert, un polyphénol nommé EGCG (épigallocatéchol gallate) qui est un puissant antioxydant ayant entre autres fonctions la capacité d'empêcher le processus d'athérogénèse provoqué initialement par l'oxydation des macromolécules de mauvais cholestérol LDL (Low Density Lopoprotein). Sachant que souvent l'excès de cholestérol et l'excès de poids vont de pair, cette propriété du thé vert est appréciable.

Que de raisons pour justifier la présence du thé vert dans la boisson « Slim détox » !

J'espère, qu'après la lecture des multiples vertus de « Slim détox », vous aurez, vous aussi, le désir de consommer cette boisson semblable à nulle autre dont il ne faut se priver.

MERVEILLEUX BAUME DES PERSES

Je dois avouer que je possède une réelle prédilection pour le baume aromatique à usage externe que j'ai formulé sur le modèle du célèbre *baume du tigre*, y ajoutant une touche personnelle. En effet, vénérant la médecine amérindienne, j'ai incorporé aux ingrédients traditionnels, la gaulthérie qui est une panacée chez les Apaches, les Sioux, les Iroquois ou les Cheyennes, ainsi que du safran et du butiri.

Pour ceux d'entre vous qui ne connaissent pas le mythique *baume du tigre*, je vais évoquer sommairement l'usage qu'en faisaient les hommes originaires du Népal, les sherpas. Ces hommes, porteurs pour acheminer jusqu'au camp de base le matériel nécessaire à chaque expédition himalayenne, sont capables de transporter sur leurs épaules, 15 heures par jour sans se reposer, des charges très lourdes sur d'étroits sentiers escarpés. Leur endurance dépasse l'entendement, ainsi que leur résistance aux conditions climatiques extrêmes de ces hautes montagnes, le froid, le vent violent, la neige. Sommairement vêtus, ils marchent pieds nus, traversant les rivières gelées et les glaciers. Rien ne les arrête. Ils sont invulnérables. Dans la journée, ils grignotent de temps en temps un abricot sec sans relâcher leur effort. Le soir, à l'étape, une galette d'orge leur tient lieu de repas avec pour seule boisson du thé dans lequel ils incorporent du miel, du beurre et du sel. Ils ne se plaignent jamais, ne sont jamais malades. Leur exceptionnelle longévité fait l'admiration de la communauté scientifique internationale. La plupart d'entre eux vivent centenaires et ils sont capables d'avoir des enfants au-delà de 80 ans, ce qui est une réelle énigme à nos yeux occidentaux.
Ces « surhommes » ont un secret. Un minuscule flacon de verre aux formes géométriques, fermé par un couvercle doré dans lequel est gravé un tigre, est leur remède unique. Avant de se coucher le soir, dans leur tente, ils procèdent à un rituel immuable, prélevant délicatement un peu de baume contenu dans ce flacon, ils effleurent certains points de leur corps avec la pulpe des doigts, les tempes, les ailes du nez, la nuque, le plexus solaire, les reins, les genoux et les chevilles. Le matin, avant de repartir, ils chauffent longuement les muscles de leurs jambes avec ce baume au parfum balsamique. Si toutefois dans la journée, il leur arrive un accident, se cognant contre la paroi rocheuse dans un passage en surplomb ou recevant une pierre brutalement détachée de la montagne, ils se massent avec le baume qui les soigne miraculeusement en ne laissant ni ecchymoses, ni hématomes.

Cette authentique panacée nommée baume du tigre est issue d'une tradition perpétuée par les dynasties impériales chinoises depuis 5000 ans. Et comme je

l'ai dit dans l'introduction, le produit que j'ai formulé, auquel j'ai donné le nom de « baume des Perses », va plus loin encore. Il contient :
- safran
- gaulthérie
- menthol
- camphre
- buriti
- karité
- huile de pépins de raisin

Je rappelle, quant à la présence de safran dans un tel baume, qu'il était incorporé au baume de massage par les Perses, les Égyptiens, les Grecs, les Romains depuis l'Antiquité. Le safran utilisé par voie externe est un usage traditionnel qui calme la douleur et aide à résorber les pathologies inflammatoires.

La gaulthérie

Pour faire tomber la fièvre et combattre la douleur, les Sioux, les Iroquois, les Cheyennes et les Apaches faisaient macérer dans l'huile les feuilles d'une plante aux pouvoirs « magiques », la gaulthérie.

La gaulthérie (gaulthéria procumbens) est un arbrisseau originaire des montagnes Rocheuses de l'Ouest américain qui pousse jusqu'à une altitude de 1500 m sur les pentes et les terrains issus de la décomposition des anciennes moraines glaciaires. Son nom anglais, wintergreen dont la traduction littérale, vert en hiver, indique la caractéristique de la gaulthérie. Ses feuilles persistantes, magnifiques, sont toujours vertes, teintées de pourpre sur le dessus, plus pâles en dessous. Ce sont elles que l'on récolte pour leurs propriétés thérapeutiques, et lorsqu'on les fait sécher elles dégagent un parfum étonnant, complexe, rappelant tout à la fois la vanille bourbon et le baume du Pérou.

Les Indiens faisaient une consommation énorme de gaulthérie, tant par voie interne, contre les maladies infectieuses et pour faire tomber la fièvre, que par voie externe pour soulager leurs douleurs et cicatriser leurs blessures. Ils fabriquaient un onguent en mélangeant par moitié gaulthérie et sassafras, variété aromatique de laurier répandu dans les grandes plaines centrales du Canada jusqu'au Mexique. Les Iroquois sont à la base d'un produit qui connut un immense succès aux États-Unis au début du XIXe siècle, le *Swains panacea*.

Comme son nom l'indique, cette macération de gaulthérie avait alors la réputation de guérir tous les maux, telle une authentique panacée à l'image du ginseng asiatique en quelque sorte.

La réputation de ce remède quasi miraculeux gagna l'Europe. À Paris, en 1815, un pharmacien dénommé Boyveau formula un produit à base de gaulthérie appelé Rob de Laffecteur. Cette préparation magistrale copiée sur le *Swains panacea* américain eut un retentissement inouï dans toute la France et chaque foyer se devait alors d'en posséder dans sa pharmacie familiale.

Cent ans avant la découverte de l'aspirine, on consommait sans le savoir un produit contenant de l'acide salicylique, principe actif de ce médicament qui est aujourd'hui le plus consommé dans le monde.

La gaulthérie contient en effet de l'acide salicylique ainsi que salicylate de méthyle. Cette association de deux molécules antidouleur naturelles en fait une plante unique dans la nature.

L'huile essentielle de gaulthérie, plus généralement connue sous le nom anglais wintergreen est puissamment :

- antalgique
- analgésique
- anti-inflammatoire
- fébrifuge
- antiseptique
- vulnéraire

Elle est précieuse dans les pathologies douloureuses et inflammatoires :

- arthrose et problèmes articulaires
- arthrite, polyarthrite
- problèmes musculaires : contractures…
- courbatures
- traumatologie sportive
- tendinite
- contusion
- migraine

C'est parce que je voue une fascination aux Indiens, que je me devais de rendre à la gaulthérie l'hommage qu'il mérite en l'incorporant à mon baume au safran. S'ils l'avaient connue, les Perses, toujours à l'affût de plantes susceptibles d'être incorporées aux baumes dont ils faisaient grand usage dans leur vie quotidienne, ne l'auraient pas reniée.

Le menthol

Le menthol étant extrait de la menthe, il est utile d'évoquer cette plante dont il existe une grande variété, toutes vivaces à rhizome long, rampant, traçant, chevelu et dont la tige se dresse jusqu'à 50 cm de haut, portant des feuilles d'un beau vert et des fleurs violettes à leur extrémité.

On distingue les menthes sauvages (menthe pouliot, menthe aquatique, menthe des champs…) et les menthes cultivées (menthe poivrée, menthe verte…). Toutes ont sensiblement les mêmes propriétés, mais les secondes sont les plus riches en menthol. En herboristerie, c'est la menthe poivrée (mentha piperita) qui est la plus utilisée. En anglais cette menthe est nommée peppermint.

Menthe vient du mot Minthe qui le nom d'une nymphe grecque transformée en fleur par la déesse Proserpine, jalouse de sa beauté.

La culture de la menthe poivrée a pour origine la ville anglaise de Mitcham, dans le Surrey, où de vastes étendues lui sont consacrées.
En France, c'est dans la région de Milly la forêt en Seine-et-Oise que la culture de la menthe poivrée est la plus développée, sur des terrains frais, argileux, légers, riches en humus. Deux récoltes sont possibles, en juin et en septembre. On suspend alors les tiges de menthe fraîche réunies en bouquets dans un local chaud et aéré.
La distillation produisant l'huile essentielle, à la vapeur, utilise 500 kg de menthe pour obtenir 1 litre d'huile essentielle. Les usages de cette huile sont multiples, non seulement en aromathérapie mais aussi dans l'industrie alimentaire où la menthe est un ingrédient fort apprécié pour son parfum et son goût.

La menthe contient nombre d'actifs :
- menthol (composant spécifique majeur)
- menthone
- carvone
- menthène, pinène, phellandrène, limonène
- cinéol
- acide oléique, acide mélissique, acide valérianique
- phytostérol
- hespéridine
- pentosane

C'est le menthol, encore appelé camphre de menthe et qui se trouve associé au camphre dans le baume du tigre, qui nous intéresse plus précisément dans le contexte de ce « Baume des Perses », car c'est un antalgique reconnu, remarquable. À ce titre, le menthol est inscrit au Codex, et on le trouve aujourd'hui en pharmacie dans plus de 50 spécialités sous plusieurs formes : liquide, solide (gélules, comprimés), pommades, baumes et gels à usage externe…

On trouve aujourd'hui encore dans les magasins de produits naturels, en herboristerie, sur les marchés et même en pharmacie un vieux remède de tradition populaire qui soulage instantanément la douleur : le crayon de menthol qui a une forme de cône, collé au bout d'un support en buis.

- Le menthol est un antalgique car il a un pouvoir anesthésiant. Il provoque l'atténuation ou la disparition de la sensibilité.
- C'est aussi un sédatif, un anti-névralgique.
- Il a une action sympathicotrope et vasoconstrictrice.
    - Sympathicotrope : concerne le système nerveux sympathique, lequel régit de manière automatique le fonctionnement des organes internes (circulation, respiration, fonctions intestinale, hépatique, sexuelle…). Ceci échappe à la volonté. Les fibres nerveuses sympathiques, lors de leurs excitations, libèrent des hormones dites sympathicomimétiques (adrénaline et acétylcholine) qui modifient le fonctionnement des centres nerveux.
    - Vasoconstriction : contraction des fibres musculaires de la paroi des vaisseaux sanguins, provoquant un rétrécissement du calibre de ces derniers avec diminution de l'afflux sanguin dans le territoire intéressé.
- On ressent dans la région une sensation de froid intense accompagné de picotements. L'effet produit est décongestionnant, anesthésique. Le menthol a des propriétés vulnéraires et résolutives : en cas de contusion ou d'ecchymoses, lorsqu'on se cogne par exemple, on évite ainsi la formation d'hématome.
- C'est un puissant bactéricide, antiseptique, aux propriétés balsamiques, et il favorise l'expectoration.

Le menthol a les indications suivantes :
- migraines
- névralgies
- mal aux dents
- lumbago
- torticolis
- courbatures
- arthrite
- arthrose

- contusions
- ecchymoses
- rhume
- sinusite
- bronchite

Le camphre

Le camphrier (*camphora officinalis*) est un arbre majestueux qui croît en Chine et au Japon. Il ressemble à un tilleul géant, pouvant atteindre 50 m de haut et 12 m de circonférence. Ses feuilles vernissées rappellent celles du laurier, étant de la même famille (lauracées).
Arbre vénéré, il peut vivre plus de 1000 ans. Ses feuilles et son bois produisent par distillation une essence dont on retire par sublimations successives une substance aromatique cristallisée blanche : le camphre.

Les vertus du camphre sont connues depuis des millénaires en Asie où on l'utilise traditionnellement en usage interne, l'eau de camphre étant un précieux tonique (souvent mélangé à l'alcool de riz) et en usage externe dans de nombreuses formulations plus ou moins secrètes.

Marco Paulo fut le premier Européen à décrire le camphre, au retour de son voyage en Chine, dans son ouvrage le *Livre des merveilles*.

À part sa présence majeure dans les différentes baumes et pommades antalgiques, analgésiques et anti-inflammatoires, l'universalité du camphre est mise à profit dans la formulation de nombreux produits :
- huile camphrée utilisée en injections sous-cutanées
- alcool camphré pour chauffer les muscles des sportifs
- vinaigre camphré
- suppositoire au camphre
- cataplasme camphré
- dentifrice camphré
- savon camphré
- lotion camphrée

Le camphre a une composition bien spécifique :
- bornéol en grande quantité : c'est la richesse du camphre
- pinène
- phellandrène

- camphène
- cadinène
- eugénol
- cinéol
- safrol
- citronellol
- caracola

Ses propriétés sont les suivantes :
- antalgique
- analgésique
- anti-inflammatoire
- antiseptique
- vulnéraire
- résolutif
- stimulant des corticosurrénales
- stimulant respiratoire
- stimulant cardio-vasculaire
- stimulant du système nerveux central

On l'utilise dans bien des cas :
- migraines
- douleurs rhumatismales
- douleurs musculaires
- courbatures
- contractures musculaires
- raideurs (de la nuque, du dos...)
- ankylose
- crampes
- contusions
- échauffement des muscles avant la pratique d'un sport
- bronchite
- asthme, emphysème
- dyspnée (difficultés respiratoires)
- troubles du rythme cardiaque
- maladies infectieuses (microbiennes, virales)
- chocs traumatiques

Une mise en garde, le safran est « officiellement » contre-indiqué aux enfants de moins de 30 mois.

Le butiri

Le butiri est un palmier originaire du centre du Brésil, couvrant de vastes surfaces dans la région du Cerrado et au-delà, en général sur les terrains bordant les rivières car ce palmier a besoin d'eau. Appartenant à la famille des Arecacea, le butiri pousse aussi en Guyane française où on l'appelle le « palmier bache ». On le nomme différemment suivant les pays : « aguaje » au Pérou, « canangucha » en Colombie, « monete » en Équateur, « moriche » au Venezuela, « palma real » en Bolivie. Ce dernier nom de « palmier royal » nous interpelle. En effet, les Indiens d'Amérique du Sud vouent un véritable culte au butiri.

Pour ces peuples, le butiri possède un caractère presque sacré du fait de ses multiples utilisations. Sous le nom de butiri (mauritia flexuosa), il existe plusieurs genres dont le caraná et le carandá ainsi que le coqueiro, le buritizeiro, le palmeira-dos-brejos, le carandaguaçu.

Un colloque s'est tenu à Montpellier en octobre 2002 : « De nouvelles voies de valorisation des fruits oléagineux amazoniens » où les Français ont découvert vraiment les vertus du butiri pour la première fois. Le thème était : « Le bassin amazonien représente une richesse considérable en termes de ressources génétiques fruitières et oléagineuses et leur valorisation représente un enjeu important pour cette région. Parmi les fruits et oléagineux issus de l'extractivisme, nombreux sont ceux, dont le butiri, qui présentent des compositions remarquables en micronutriments et en particulier en anti-oxydants. »

En 1852, Alexander Von Humbolt surnomme le butiri « arbre de vie ». Les Indiens utilisent toutes les parties de cet arbre :
- Le tronc sert de bois de charpente pour la construction des huttes et permet de fabriquer les pirogues.
- Les larves qui vivent sur l'arbre (coleoptero rynchophorus) sont consommées grillées, précieuses source de protéines.
- La sève sert à produire un délicieux vin de palme dont les Indiens font une grosse consommation.
- Les feuilles permettent de confectionner des vêtements mais aussi des paniers et autres objets utiles de la vie quotidienne.
- La pulpe du fruit se consomme directement ou sous forme de jus de fruits appelés « aghajina ». Elle contient également 10 % d'huile que l'on extrait aujourd'hui pour les usages thérapeutiques et cosmétiques.

Cette huile de butiri a une couleur orange due à sa concentration en caroténoïdes, sa teneur en provitamine A étant la plus élevée connue à ce jour pour un produit naturel. Il y a 20 fois plus de bêta carotène dans l'huile de butiri que dans la carotte, légume référent pour sa richesse en provitamine A. Extraite à partir de la pulpe, l'huile de butiri a un faible rendement. Une tonne de fruits produit une quinzaine de kilos d'huile seulement.

La consommation de l'huile de butiri est d'une grande richesse :
- acide palmitique
- acide palmitoliéique
- acide stéarique
- acide oléique
- acide linolénique
- acide laurique
- acide ascorbique (vitamine C)
- caroténoïdes précurseurs de vitamines A : bêta-carotène...
- anthocyanes
- flavonoïdes
- sélénium

Les Brésiliens utilisent l'huile de butiri comme ingrédient noble dans leurs baumes de massage car cette huile dispose de vertus vraiment bénéfiques, apaisantes, décongestionnantes, anti-inflammatoires.
C'est la raison pour laquelle j'ai tenu à inclure l'huile de butiri dans le baume au safran que j'ai formulé de façon originale, inédite.
Les Brésiliens se servent également d'huile de butiri pour fabriquer leurs produits de protection solaire mais aussi des crèmes anti-âges à vertus antirides, ainsi que des shampooings réputés stopper la chute des cheveux et favoriser la repousse.

Je suis heureux de pouvoir contribuer à mieux faire connaître le butiri, l'un des composants du « Baume des Perses » et j'invite quiconque ayant des problèmes articulaires ou musculaires à découvrir sans plus tarder cette préparation.

Utilisation du baume des Perses

- <u>Migraines</u> : masser le front et les deux tempes avec une minuscule noisette de baume en faisant des mouvements circulaires.
- <u>Rhume (rhinite)</u> : effleurer les ailes du nez.
- <u>Sinusite</u> : masser la zone située au-dessus des sourcils, en prenant bien soin de ne pas faire entrer de baumes dans les yeux (sinon, on pleure).

- Mal aux dents, gingivite, parodontose : masser la gencive directement.
- Torticolis : masser la nuque énergiquement.
- Bronchite : masser longuement la poitrine plusieurs fois par jour.
- Lumbago : masser le bas du dos, longuement, si possible après un bain chaud, les pores étant dilatés.
- Sciatique : masser en suivant tout le trajet douloureux du nerf sciatique le long de la chambre.
- Arthrose : masser l'articulation douloureuse (hanche, épaule, coude, poignet, genou, doigts…) ou le dos (en suivant la colonne vertébrale).
- Tendinite : masser la zone douloureuse, par exemple le coude en cas d'épicondylite.
- Courbature, douleur musculaire : masser la zone douloureuse.
- Syndrome du canal carpien : masser le poignet douloureux.
- Coup, contusion : masser la zone douloureuse pour éviter la formation d'un hématome.
- Désinfection d'une chambre de malade ou d'une pièce en cas d'épidémie : mettre une noisette de baume sur une source de chaleur (radiateur).
- Mal de mer, nausée en voiture : respirer profondément.

Comme on le voit, ce « Baume des Perses » a sa place dans toutes les pharmacies familiales. Si vous deviez partir et n'emporter qu'un seul remède, c'est sûrement de ce baume dont il faudrait vous approvisionner.

LE SAFRAN, ELEMENT-CLE DE L'ELIXIR SPAGYRIQUE DE « SOI »

Médecin, alchimiste et philosophe suisse, Théophraste Bombast von Hohenheim, surnommé Paracelse, né en 1493, fut le fondateur de la spagyrie, mot issu du grec séparer (spao) et assembler (ageiro).

La spagyrie est un processus qui purifie une plante en dissociant ces trois « principes » (corps, esprit, âme) avant de les rassembler. Cela confère au remède qui résulte de cette réintégration une nature plus subtile, plus pénétrante, dont les capacités curatives sont à même d'opérer une réharmonisation des trois plans de l'être humain : le plan physique, le plan mental, le plan émotionnel.
Paracelse a intégré la tradition alchimique de la « Pierre Philosophale » issue de la transmutation du plomb en or. Tel un cinquième élément (les quatre éléments fondamentaux étant la terre, l'eau, l'air et le feu) la Pierre Philosophale est une panacée pouvant guérir tous les maux.

Les élixirs spagyriques permettent la régulation de notre homéostase, cette capacité vitale de rééquilibrage que nous avons lorsque nos paramètres physiologiques sont perturbés par une existence contre nature dont les facteurs de perturbations ont de multiples origines :
- pollution de notre environnement
- carences de notre alimentation
- stress
- manque de sommeil
- inactivité physique
- habitudes toxiques : alcool, tabac, autres drogues
- inacceptation de nous-même

C'est cette composante, source de mal-être existentiel, terrain d'affections chroniques, qui m'a conduit à nommer « Élixir de Soi » l'élixir spagyrique que j'ai formulé avec mon ami Toni Ceron, grand maître de la spagyrie contemporaine, dont les travaux de recherche font autorité.
Toni Ceron, qui m'a initié à la spagyrie, appelle silencieuses coïncidences le cœur de l'être humain, son centre qui rythme les deux polarités de sa conscience (la tête, reliée à l'extérieur) et de son inconscient (le bassin, relié à l'intérieur).
La maladie est induite par le déséquilibre entre le haut et le bas, extérieur et intérieur, l'homme et le monde. Et la guérison suppose de réharmoniser nos deux polarités par un rétablissement de Soi, source de cohésion.

« L'élixir spagyrique de Soi » à la formule suivante :
- safran
- plantain lancéolé
- romarin
- chêne
- baies de genévrier
- orange amère
- ache des marais
- ményanthe
- valériane

Selon la conception spagyrique, « l'élixir de Soi » :
- ranime les mémoires vitales de l'homme
- redonne forme aux organes
- remet l'homme debout, le verticalise
- lui fait aimer son présent
- lui fait réinvestir son « moi »
- rend assimilables les substances extérieures différenciées (aliments et idées) par une métamorphose subtile qui les associe dans un objectif fusionnel de réharmonisation.

Les indications de cet « élixir de Soi » sont les suivantes :
- manque d'amour de soi
- vitalité perdue
- blocage tenace
- émotionnel blessé
- fragilité mentale
- épuisement nerveux
- mélancolie, tristesse
- anxiété, irritabilité
- maux de tête, nausées
- troubles digestifs
- douleurs articulaires et musculaires

« L'élixir de Soi » est le premier des complexes spagyriques que j'ai personnellement l'intention de faire connaître bientôt au grand public, en complément d'une gamme d'élixirs unitaires. Le safran en est le premier élément. Toni Ceron et moi-même tenions à cet hommage.

SAFRAN ET SEVRAGE TABAGIQUE

L'intérêt du safran dans le cadre d'un sevrage tabagique est évident car la volonté de ne plus fumer, par bien des aspects, s'apparente à la volonté de maigrir. Le fumeur et l'obèse connaissent les mêmes avatars existentiels selon la trajectoire d'un yoyo, suite de tentatives avortées et de rechutes spectaculaires, véritable cercle vicieux.

L'échec des régimes alimentaires et l'échec des sevrages tabagiques ont la même origine : une fragilité mentale qui fait « craquer » à un moment ou à un autre, qui fait interrompre le processus amincissant ou la démarche entreprise pour arrêter de fumer.

Je ne vais pas reprendre tous les arguments en faveur du safran que j'ai développés dans le chapitre sur la minceur, mais ils s'appliquent au sevrage tabagique dans la mesure où le rééquilibrage émotionnel induit par le safran permet de mieux supporter la frustration qu'entraîne inévitablement le fait de ne plus fumer, surtout chez un gros fumeur.

À cet égard, le produit que j'ai formulé pour aider au sevrage tabagique devrait, plaisanterie mise à part, être remboursé par la sécurité sociale. J'écris cela au regard des inscriptions désormais imprimées en gros caractères sur les paquets de cigarettes : « Fumer nuit gravement à la santé », « Fumer provoque le cancer », « Fumer tue ».

Dans la fumée de cigarette, plus de 4000 produits chimiques, ont été identifiés, parmi lesquels :
- du monoxyde de carbone, celui-là même que l'on retrouve dans le gaz d'échappement des voitures
- du cyanure d'hydrogène, lequel était utilisé par les Allemands dans les chambres à gaz
- du formaldéhyde et du toluène qui sont des solvants industriels
- de l'acétone présent dans les décapants de peinture
- du méthanol qui entre dans le carburant des fusées
- de l'ammoniaque qui est un puissant détergent
- du cadnium utilisé dans les batteries automobiles
- du mercure, du plomb et de l'arsenic, métaux hautement toxiques

On ne peut imaginer les dégâts provoqués par l'accumulation de ces polluants chimiques sur les parois internes des muqueuses respiratoires, jusqu'à la plus petite involution des alvéoles pulmonaires. Ceci est inimaginable, il suffit d'observer des radios d'un cancer du poumon pour témoigner de l'effroi qu'elles peuvent susciter.

Les méfaits du tabac sont multiples, parmi lesquels :
- cancer
- artérite
- angine de poitrine (angor)
- risques cardiovasculaire accrus : infarctus du myocarde, accident vasculaire cérébral…
- troubles respiratoires
- dysfonction érectile

Sans parler des conséquences néfastes sur la beauté, car le tabac :
- jaunit les mains
- jaunit les dents
- accentue la formation des rides par mauvaise irrigation du derme
- fait tomber les cheveux par mauvaise irrigation du cuir chevelu
- donne un teint terreux, la fumée obstruant les pores

Le pouvoir de séduction des fumeurs est entaché par les stigmates de la nicotine, à cause de leur haleine fétide repoussante.

Il existe différentes méthodes de sevrage tabagique. Sans développer, je vais citer sommairement celles qui sont les plus connues aujourd'hui en insistant une nouvelle fois sur le fait que la prise simultanée de safran pourra accroître les chances de succès de façon significative.

- Le patch de nicotine : il diffuse en continu de la nicotine dans le sang, avec des doses progressivement dégressives. C'est la méthode la plus utilisée actuellement, étant donnée l'intérêt galénique des patchs, mais cela suppose de continuer à absorber de la nicotine qui est nocive.

- Le chewing-gum à la nicotine : même chose, nocivité de la nicotine.

- Les filtres de nicotine : destinés à absorber tout ou partie de la nicotine, ces filtres ne résolvent rien car les fumeurs ont alors tendance à inhaler plus profondément la fumée pour avoir leur dose de nicotine, voire à augmenter le nombre de cigarettes fumées.

- L'acupuncture : les fumeurs anxieux y sont sensibles.

- L'auriculothérapie : acupuncture localisée à un point particulier de l'oreille où l'on fixe une agrafe. Elle connaît un certain succès.

- L'homéopathie : mêmes remarques que pour l'acupuncture.

- La mésothérapie : micro-injections de produits à base de nicotine.

- La sophrologie : utilisant la suggestion verbale, qui peut aider.

- Le « plan de 5 jours » : ce plan consiste à réunir des fumeurs pendant 5 soirs consécutifs. On montre des films sur les méfaits du tabac et l'on donne des conseils de diététique et d'hygiène de vie.

Quelle que soit la méthode que vous choisissez pour arrêter de fumer, le safran vous aidera puisqu'il favorisera votre équilibre émotionnel, condition nécessaire à la réussite d'un tel sevrage inducteur de stress.

SAFRAN ET CANCER

Nulle part, dans les livres que j'ai écrits jusqu'à ce jour, je n'ai dit, je ne dis et je ne dirai qu'un complément alimentaire guérit le cancer.

Ce serait absurde de ma part d'écrire une telle chose, dangereux, irresponsable, car mes lecteurs pourraient s'imaginer guérir leur cancer grâce au safran ou à tout autre complément alimentaire. Bien évidemment, cela n'a pas de sens. Pour soigner le cancer, aujourd'hui, on dispose de plusieurs stratégies thérapeutiques :

- **La chirurgie :** elle reste l'arme principale contre le cancer, celle qui permet, dans un premier temps, d'enlever les tumeurs et leurs métastases.

- **La radiothérapie :** elle permet de stériliser les cellules malignes en préservant les tissus environnants. Elle a fait des progrès avec des techniques de pointe : curiethérapie aux fils d'iridium, radiothérapie stéréotaxique multifaisceaux et radiothérapie conformationnelle.

- **La chimiothérapie :** elle permet de soigner les cancers inaccessibles à la chirurgie et à la radiothérapie comme les leucémies, les lymphomes et la plupart des cancers embryonnaires.

Les médicaments arrêtent la prolifération cellulaire, mais ils tuent aussi malheureusement les cellules saines, ce qui a des conséquences multiples sur l'organisme alors fragilisé et immunodéprimé. Mais cela n'enlève rien au grand intérêt de la chimio dans le protocole mis en œuvre pour soigner certains cancers.

- **Les greffes de moelle :** grâce aux travaux de Georges Mathé sur la leucémie et de Jean Dausset sur l'histocompatibilité, on peut faire aujourd'hui, en France, plusieurs milliers de greffes de moelle osseuse par an (1/3 d'allogreffes et 2/3 d'autogreffes) inclus dans des protocoles lourds.

- **L'immunothérapie :** ce traitement part du principe que l'organisme du malade a les moyens de lutter lui-même contre la maladie, à condition de stimuler ses défenses immunitaires. Il utilise un facteur de croissance des lymphocytes T appelé Interleukine.

- **La thérapie génétique (ou thérapie génique) :** mise au point par les professeurs Rosenberg et Weinberg aux USA, elle a été appliquée pour la première fois en France en 1992. Elle se justifie par le fait que, le cancer résultant d'un dysfonctionnement de certains gènes, il faut agir au sein du génome en introduisant dans certains vecteurs (virus ou rétrovirus) un ADN médicament qui, pénétrant le noyau des cellules, secrète une protéine inductrice de guérison.

Quelque soit le traitement mis en œuvre, le safran est précieux en complément et non comme thérapie de substitution. Je le réaffirme le safran ne peut en aucun cas remplacer un traitement anticancéreux. Il est tout de même un précieux « appoint » en aidant à mieux supporter les traitements lourds, comme la chimiothérapie, et en permettant de reprendre « le dessus » plus vite.

Le principal effet secondaire des chimiothérapies est de mettre l'organisme en état d'aplasie médullaire, c'est-à-dire qu'il réduit considérablement les deux lignées (populations) sanguines au sein de la moelle osseuse :
- celle qui concerne les globules blancs (leucocytes) des trois types, éosinophile, basophile et neutrophile. En ayant un nombre de globules blancs très faible, les personnes venant de subir une chimiothérapie sont sensibles au moindre microbe. Ne pouvant plus se défendre, elles sont en danger, vulnérables, risquant de contracter des maladies infectieuses.
- celle qui concerne les globules rouges (érythrocytes), expliquant l'état de grande fatigue induit par les chimiothérapies.

La prise de safran en complément d'une chimiothérapie, en appoint, permet de stimuler la régénération des populations sanguines par la moelle osseuse et par là même de réduire le temps de dépression immunitaire exposant aux infections, tout en accélérant la récupération pour surmonter plus vite la fatigue.

De NOMBREUSES ETUDES CLINIQUES provenant du monde entier ont confirmé ces constatations. Vingt-trois d'entre elles, effectuées dans 8 pays différents, sont citées en annexe (à la fin du livre) : Inde (6), Mexique (5), Espagne (4), Grèce (3), Etats-Unis (2), Iran (2), Chine (1).

Si actuellement dans les hôpitaux et les universités de huit pays des chercheurs, médecins et biologistes, font des études sur l'action des molécules actives du safran en cas de cancer, c'est bien qu'il y a une réelle activité du safran en ce domaine si sensible.

Le safran agit en stimulant les capacités de l'organisme à se défendre. C'est en cela qu'il est précieux. En effet, pour un cancéreux en rémission qui a eu la vie sauve grâce à un protocole « lourd » mis en œuvre dans un centre hospitalier, dirigé par des cancérologues dont il faut souligner le travail admirable, il faut à tout prix ne pas rechuter.

La rechute est le grand risque couru par un cancéreux, car les chances de guérison dans ce cas sont moindres, l'organisme est affaibli par le traitement ayant permis la mise en rémission.

Ne pas récidiver, voilà ce qui importe, où le plus tard possible après la rémission, et c'est à ce niveau que les compléments alimentaires comme le safran peuvent rendre de bien précieux services pour mobiliser l'organisme afin qu'il ne retombe pas malade.

Je vous invite à prendre connaissance des 23 études cliniques en ANNEXE qui vous convaincront de l'intérêt du safran dans la stratégie « anti-rechute » après un traitement anticancéreux ayant permis une mise en rémission.

LE SAFRAN, ROI DES ÉPICES

EXTRAITS DU VIANDIER DE TAILLEVENT

Le « Viandier » de Taillevent est un livre de recettes de cuisine, ouvrage de référence de la cuisine médiévale française, écrit par Guillaume Tirel (1326 – 1395) dit « Taillevent », qu'il fut le premier queux des rois Philippe de Valois, puis Charles V et ensuite Charles VI.

Un siècle après sa mort, l'imprimerie va permettre de répandre les recettes de Tailllevent. La plus ancienne édition fut imprimée en 1515, et l'ouvrage fut plusieurs fois réimprimé au cours du XVIe siècle. Les éditions les plus anciennes, devenues d'une extrême rareté, sont très recherchées des bibliophiles.

Le mot « viande » est utilisé par Taillevent au sens latin de *vivenda*, c'est-à-dire les aliments en général. Le livre est ainsi introduit :

« Ci après sensuyt le viandier pour appareiller toutes manières de viandes que Taillevent, queux du roy nostre sire, fist tant pour abiller et appareiller bouilly, rousty, poissons de mer et d'eaue doulce : saulces, espices et aultres choses à ce convenables et nécessaires, comme cy après sera dit. »

J'ai sélectionné, dans ce livre de références, certaines recettes contenant du **safran** que Taillevent avait écrit « **saffran** ». Pour chacune d'elles, seront donnés le texte original de Taillevent, avec toute la saveur imagée de son style, en français ancien, et une traduction en français moderne.

Bouli lardé
Prennés vostre grain et le lardés et cuisés en eaue vin et percil metés seulement et du **saffran**.

Bouilli lardé
Prenez votre grain. Lardez-le. Faites-le cuire dans de l'eau, du vin. Mettez seulement du persil, et du **safran**.

Chappons aux herbes
Cuisés en eaue et du lart percil sauge ysope vin verjus **saffran** *et gingembre.*

Chappons aux herbes.
Faites cuire dans de l'eau et du lard, persil, sauge, hysope, vin, verjus, **safran** et gingembre.

Cretonnee de pois novieux.
Cuisés les jusques au purer et frisiés en sain de lart puis prennés lait de vache ou d'almendes et le bouillés une onde et metés vostre pain dedans vostre lait prennés gingembre et **saffran** *broié et deffaites de vostre bouillon et faites boulir prenés poulles cuites en eaue et les metez dedans par quartiers et frisiés puis metés boullir aveques puis traiés arriere du feu et fillés moieux d'oeufs grantfoison.*

Cretonnée de pois nouveaux.
Cuisez-les jusqu'au moment de les égoutter. Faites frire dans de la graisse de lard. Puis prenez du lait de vache ou d'amandes. Portez-le à ébullition. Mettez votre pain dans votre lait. Prenez du gingembre et du **safran** broyé. Délayez avec votre bouillon. Faites bouillir. Prenez des poules cuites dans de l'eau. Mettez-les dedans en quartiers. Faites frire. Puis faites bouillir avec. Puis tirez à l'écart du feu. Faites filer des jaunes d'œufs à profusion.

Brouet
Prennés vostre grain et le despeciés et prennés percil effueillis et oingnons menus minciés et metés sus frire en sain de lart puis prennés deffoies pain halé et vin et boullon de buef et faites bien boullir en semble puis affinés gingembre girofle **saffran** *et deffaites de vergus et que vostre bouillon soit liant.*

Brouet
Prenez votre grain. Découpez-le. Prenez du persil effeuillé et des oignons finement émincés. Faites frire dans de la graisse de lard. Puis prenez des foies, du pain grillé, du vin, du bouillon de bœuf. Faites bien bouillir ensemble. Puis affinez du gingembre, des clous de girofle, du **safran**. Délayez avec du verjus. Que votre bouillon soit épais.

Un vin aigrete
Prennés menue hate de porc et ne la rosticiés pas trop puis la descoupés et oingnons par rouelles et frisiés en sain de lart dedans un pot sur le charbon et ostés souvent le pot et quand il sera cuit si y metés bouillon de buef plain et metés boullir sur vostre grain puis affinés gingembre graine de paradis et un pou de **saffran** *deffaites de vin aigre et metés tout boullir ensemble et se doit lier de soi mesmes et est brune.*

Une vinaigrette
Prenez de la rate de porc. Ne la rôtissez pas trop. Puis découpez-la avec des oignons en rondelles. Faites-la frire dans de la graisse de lard, dans un pot sur les

charbons. Retirez souvent le pot. Quand il sera cuit, mettez-y du bouillon de bœuf pur. Faites bouillir sur votre grain. Puis affinez du gingembre, de la maniguette et un peu de **safran**. Délayez avec du vinaigre. Faites tout bouillir ensemble. Elle doit s'épaissir d'elle-même. Elle est brune.

Houdous de chappons
Cuisiés les en vin et en eaue puis les metés par quartiers et friolés en sain de lart puis prenez un pou de pain brullé deffait de vostre boullon et boulliés aveques vostre grain puis afffinés fines espices sans **saffran** *deffaictes de vergus et ne soit pas trop liant.*

Hochepot de chapons
Cuisez-les dans du vin et dans de l'eau. Puis mettez-les en quartiers. Faites frire dans de la graisse de lard. Puis prenez un peu de pain brûlé délayé avec votre bouillon. Faites bouillir avec votre grain. Puis affinez de fines épices sans **safran**. Délayez avec du verjus. Que ce ne soit pas trop épais.

Brouet d'ailmengne de char ou de conis ou de poulaille
Prenés vostre char et la despeciés et suffrisiés en sain de lart et oingnons menus minciés puis affinés almendes grant foison deffaites de vin ou de bouillon de buef puis faictes boullir aveques vostre grain puis affinés gingembre canelle girofle graine de paradis nois mugaites bien pou de **saffran** *et soit sur le jaune defait de verjus.*

Brouet allemand de viande ou de lapins ou de volaille
Prenez votre viande. Découpez-la. Faites la frire dans de la graisse de lard et des oignons finement émincés. Puis affinez des amandes à profusion. Délayez avec du vin ou du bouillon de bœuf. Puis faites bouillir avec votre grain. Puis affinez du gingembre, de la cannelle, des clous de girofle, de la maniguette, des noix de muscade, un petit peu de **safran**. Que cela tire sur le jaune, délayé avec du verjus.

Suti brouet d'Engleterre
Des chataingnes pellees cuites et moyeux d'oeufs cuis et un pou de foye de porc tout broié ensemble destrempé d'un pou d'eaue tiede ensemble coullés affinés poivre lonc de **saffran** *et faites boullir tout en semble.*

Fin brouet d'Angleterre
Broyez tout ensemble des châtaignes pelées cuites, des jaunes d'œufs cuits et un peu de foie de porc. Mouillez avec un peu d'eau tiède ensemble. Faites-en un coulis. Affinez du poivre long, du **safran**. Faites bouillir tout ensemble.

Civé de lievres
Rosticiés tout cru en broche ou sus le gril sans trop lessier cuire descouppés par pieces et frisiés en sain de lart et oignons menus minciés prennés pain hallé deffait de vin et de bouillon de beuf ou de puree de pois et boullés aveques grain affinés gingembre canelle et **saffran** *deffaites de verjus et de vin aigre et soit fort espicé.*

143

Civet de lièvres
Faites rôtir tout cru à la broche ou sur le gril sans trop laisser cuire. Découpez en morceaux. Faites frire dans de la graisse de lard et des oignons finement émincés. Prenez du pain grillé, délayé dans du vin et du bouillon de bœuf ou du bouillon de pois. Faites bouillir avec le grain. Affinez du gingembre, de la cannelle et du **safran**. Délayez avec du verjus.

Porc au verjus
*Aucuns y metent des oingnons vin et verjus. Item veel. Soit parboulli et lardé a la cameline item veel en pasté prennés poudre d'espices **saffran** et vergus.*

Porc au verjus
Certains y mettent des oignons, du vin et du verjus. Même chose pour le veau : qu'il soit bouilli et lardé ; a la cameline. Même chose pour le veau en pâté : prenez de la poudre d'épices, du **safran** et du verjus.

Pour faire fraise de veel
*Prennés vostre grain et descouppés bien menu puis le frisiés en sain et broiés gingembre **saffran** prennés oeux tous crus fillés sur vostre friture mengiés au verjus vert.*

Pour faire de la fraise de veau
Prenez votre grain. Découpez bien finement. Puis faites-le frire dans de la graisse. Broyez du gingembre, du **safran**. Prenez des œufs tout crus. Faites filer sur votre friture. Mangez au verjus vert.

Faus guernon
*Cuisiés en vin et en eaue des foies des guissés de poulaille ou de char de veel et la dehachiés bien menu et frisiés en sain de lart puis broiés gingembre canelle girofle graine de paradis vin verjus bouillon de beuf ou d'icellui mesmes et moieux d'oeufs grant foisson coullés deffaites de vostre grain et faites bien boulir ensemble et un pou de pain et de **saffran** et doit estre bien liant sur jaune couleur aigret de vergus au dressier poudre d'espicez de canelle.*

Faux grenon
Faites cuire dans du vin et dans de l'eau des foies, des gésiers de volaille ou de la viande de veau. Hachez bien menu. Faites frire dans de la graisse de lard. Broyez du gingembre, de la cannelle, des clous de girofle, de la maniguette, du vin, du verjus, du bouillon de bœuf ou de celui-là même [i. e. de la cuisson des foies, des gésiers ou du veau], des jaunes d'œufs à profusion. Faites-en un coulis. Délayez avec votre grain. Faites bouillir longuement ensemble, avec un peu de pain et du **safran**. Ce doit être bien épais, tirant sur une couleur jaune, piquante de verjus. Au moment de servir, saupoudrez de poudre de cannelle.

Menus doies piés foies guisier
*Faites cuire en vin et en eaue tresbien si metés vostre grain quant il sera cuit en un plat et du percil et du vin aigre par dessus autrement en lieu de percil et de vin aigre metés lait lié de moieux d'oeufs et de pain de la poudre d'espices et un pou de **saffran** et dressiés sus les escueilles sanz percil et vin aigre.*

Petits morceaux (pieds, foies, gésiers)
Faites bien cuire dans du vin et dans de l'eau. Mettez votre grain dans un plat quand il sera cuit, avec du persil et du vinaigre. Mettez du lait mélangez de jaunes d'œufs et du pain, de la poudre d'épices, un peu de **safran**. Dressez sur des assiettes sans persil et vinaigre.

Formentee
*Prennés forment bien esleu puis le mouilliés de eaue tiede et le liés en un drapel puis batés du petail dessus bien fort atant qu'il soit tout espouillié et lavés tresbien en eaue et quant il sera tresbien cuit si le purés et prennés lait de vache bouli une onde puis metés cuire dedans vostre forment et tirés arriere du feu et remués souvant et fillés dedans moyeux d'uefs grant foison et qu'il ne soit pas trop chaut quant l'en les filera dedans et remués dedans puis fines espices et **saffran** un pou et doit estre un liant et jaunet et aucuns y metent de l'eaue de la venoisson.*

Fromentée
Prenez du froment bien trié. Puis mouillez-le dans de l'eau tiède. Serrez-le dans un linge. Puis tapez dessus avec un pilon, bien fort, jusqu'à ce qu'il soit tout à fait débarrassé du son. Lavez bien dans de l'eau. Quand il sera bien cuit, filtrez-le. Prenez du lait de vache porté à ébullition. Puis faites cuire dans votre froment. Tirez à l'écart du feu. Remuez souvent. Faites filer dedans des jaunes d'œufs à profusion — que ce ne soit pas trop chaud quand on les fera filer dedans. Remuez dedans. Puis de fines épices et un peu de **safran**. Ce doit être un mets épais et tirant sur le jaune. Certains y mettent de l'eau du gibier.

Taillés
*Prennés figues et raysins lait d'almendes et eschaudés et galetes croute de pain blanc coupé menu et faites bouillir le lait prennés **saffran** pour lui donner couleur et sucre et puis metés bouillir tout en semble tant qu'il soit bien liant pour tailler.*

Taillé
Prenez des figues, des raisins, du lait d'amandes. Échaudez. Des galettes, de la croûte de pain blanc finement coupées. Faites bouillir le lait. Prenez du **safran** pour lui donner de la couleur et du sucre. Puis faites bouillir tout ensemble, jusqu'à ce qu'il soit assez épais pour être coupé.

Millot

Mouilliés le en eaue chaude en trois peres puis le meté en lait de vache fremiant et n'y metés point de cueillier jusques ad ce qu'il ait bien boulli puis le metés jus du feu et un pou de **saffran** et metés boullir tant qu'il soit bien espés.

Millet

Mouillez-le d'eau chaude à trois reprises. Puis mettez-le dans du lait de vache frémissant. N'y mettez pas de cuiller jusqu'à ce qu'il ait bien bouilli. Mettez-le à l'écart du feu. Un peu de **safran**. Faites bouillir jusqu'à ce qu'il soit bien épais.

Poullaille farcie

Prennés vostre poulaille et leur coupés le gavion puis les eschaudés et plumés et gardés la pel saine et sans refaire prennés un tuel et le boutés entre le cuir et la char et l'enflés puis la fendés entre les espaules et ne faites pas trop grant trou et lessiés tenans a la pel les elles et le col atout la teste et les piés. Pour faire la farce prennés char de mouton de veel du porc du blanc des poullés hachiés tout ensemble tout cru puis les broiés en un mortier et oeufs tous crus aveques fromage de gain et bonne poudre d'espices et un pou de **saffran** et sallés apoint puis emplez vos poulés et recousés et du demourant de vostre farce faites en ponmes aussi come pastiaux de garde et metés cuire en bouillon de buef ou en eaue boulant et du **saffran** grant foison et qu'il ne boulent pas trop fort qui ne se despiecent puis les embrochiés en une broche de fer bien deliee. Pour faire les dorees prennés grant foison des moieux d'oeufs avec du **saffran** broié et batu tout en semble et les en dorés qui veult doree verde si prengne la verdure broiee puis des moyeux d'oefs grant foison bien batus passés par l'estamine et prennez la doreure et en dorés quant vostre poulaille sera cuite et vous pourés dressier vostre broche ou vessel ou sera vostre doreure et y jetés du lonc vostre doreure et remetés au feu afin que vostre doreure ce prenne par ii foies ou par iii et gardés qu'elle n'aist pas trop fort feu.

Volaille farcie

Prenez vos poules. Coupez-leur le cou. Puis, échaudez-les. Plumez. Gardez la peau intacte. Ne plongez pas dans l'eau. Prenez un tuyau et placez-le entre la chair et la peau. Gonflez-la. Fendez-la entre les épaules. N'y faites pas un très grand trou. Laissez les membres tenir à la peau. Pour faire la farce, prenez de la viande de mouton, de veau, du porc, du blanc de volaille. Hachez tout ensemble tout cru. Écrasez dans un mortier avec des œufs tout crus, avec du fromage crémeux, de la bonne poudre d'épices, un peu de **safran**. Salez à point. Remplissez vos poules. Recousez. Du reste de votre farce, faites des boulettes comme des pastilles de guède. Faites-les cuire dans un bouillon de bœuf ou dans de l'eau bouillante, avec profusion de **safran**, mais qu'ils ne bouillent pas trop longtemps qu'ils ne se défassent pas. Embrochez sur une broche de fer bien fine. Pour faire les dorées, prenez profusion de jaunes d'œufs cuits avec du **safran**, broyé et battu tout ensemble. Dorez-les-en. Si on veut une dorée verte, qu'on prenne de la verdure broyée, puis des jaunes d'œufs à profusion bien battus. Tamisez à travers une étamine. Prenez la dorure. Dorez-en. Quant la volaille sera cuite, vous pourrez déposer votre broche dans un plat où aura été mise votre dorure Jetez de la dorure tout le long. Remettez au feu, afin que votre dorure prenne, par deux fois ou trois. Prenez garde qu'elle n'aille trop près du feu.

Gelee de poisson qui porte limon ou de char

*Metés cuire en vin verjus et vin aigre et de l'eaue et aucuns y metent un pou de pain puis prennés gigembre canelles girofle grain de paradis poivre lonc nois mugaites et **saffran** broiés et deffaites de vostre bouillon et metés aveques vostre grain et l'escumés tant come il sera sus du feu si l'escumés atant qu'il soit drecié aprés que il sera drecié si purés vostre boullon en un vessel de boies et le lessiés ressuir et metés vostre grain sur une blanche nappe et ce est poisson si les pellés et metés les peleures en vostre bouillon jusquez atant qu'il soit coullé la derreniere foies et gardés que vostre boullon soit cler et net puis dressiés vostre grain pessevelez et metés vostre bouillon sur le feu en un vessel cler et net et faites boulir et en boullant metés vostre bouillon en vos escuelles par dessus vostre grain poudrés dessus fleur de canelle et du matis et puis metés vos escuelles en lieu froit. Et se vostre bouillon n'est bien net si le coulés parmi une nape en ii ou en trois doubles et soit sallé apoint.*

Gelée de poisson qui porte du limon ou de viande

Faites cuire dans du vin, du verjus et du vinaigre et de l'eau. Certains y mettent un peu de pain. Prenez du gingembre, de la cannelle, des clous de girofle, de la maniguette, du poivre long, de la noix de muscade, du **safran**. Broyez. Délayez avec du bouillon. Mettez avec votre grain. Écumez aussi longtemps qu'il sera sur le feu. Écumez jusqu'à ce qu'il soit dressé. Après qu'il sera dressé, épurez votre bouillon dans un plat de bois. Faites en sorte que votre bouillon soit clair et propre. Laissez égoutter. Mettez votre grain sur un drap blanc, c'est votre poisson. Ôtez la peau. Mettez les peaux dans votre bouillon dès qu'il sera filtré pour la derniere fois. Faites en sorte que votre bouillon soit clair et propre. Puis dressez votre grain dans des écuelles. Mettez votre bouillon sur le feu dans un plat clair et propre. Puis faites bouillir. Pendant qu'il bout, vers votre bouillon dans vos écuelles par-dessus votre grain. Saupoudrez dessus de la fleur de cannelle et du macis. Puis mettez vos écuelles dans un lieu frais. Si votre bouillon n'est pas tout à fait clair, filtrez-le à travers un linge par deux ou trois fois. Salé à point.

Ris engoullé au jour de mengier char

*Cuisez le et le lavés tresbien en eaue chaude et metés seichier contre le feu et metés cuire en lait de vache fremiant puis du **saffran** et du gras de bouillon de buef.*

Riz engoulé au jour gras
Cuisez-le. Lavez-le très bien dans de l'eau chaude. Faites sécher près du feu. Faites cuire dans du lait de vache frémissant. Puis du **safran** et du gras de bouillon de bœuf.

Brouet d'anguilles
*Escorchiés ou eschaudés metés cuire en eaue et percil pain **saffran** bien pou en la verdure deffait de vostre bouillon puis gigembre deffait de verjus et tout boully en semble et de bon fromage qui velt.*

Brouet d'anguilles
Écorchez ou échaudez. Faites cuire dans de l'eau avec du persil, du pain, très peu de **safran** dans de la verdure délayée avec votre bouillon, puis du gingembre délayé dans du verjus. Tout bouilli ensemble. Du bon fromage si on veut.

Gravé de loche
*Prenez pain hallé puree de pois ou eaue boullie passez parmi l'estamine et puis metés boullir et prendre de fines espices sans poivre et du **saffran** deffait de vin aigre puis dez oingnons minciés fris et boullir tout ensemble puis frisieés vostre loche en huile sans farine et ne la metés pas boullir mes dressiés sur vostre boullon.*

Gravé de loche
Prenez du pain grillé, du bouillon de pois ou de l'eau bouillie. Passez dans l'étamine. Puis faites bouillir. Prendre de fines épices sans poivre, du **safran** délayé dans du vinaigre, puis des oignons émincés fris. Bouillir tout ensemble. Faites frire votre loche dans de l'huile sans farine. Ne la faites pas bouillir, mais dressez sur votre bouillon.

Chaudumel au bescuit de brochiez ou de lusiaux
*Rosticiés vostre poisson sur le gril prennés pain puree de pois ou eaue boullie vin verjus gingembre **saffran** coullés et faites boullir et metés sur vostre grain et la boullés dedans ; et soit jaunet.*

Chaudumée au biscuit de brochet ou de petits brochets
Faites rôtir votre poisson sur le gril. Prenez du pain, du bouillon de pois ou de l'eau bouillie, du vin, du verjus, du gingembre, du **safran**. Faites-en un coulis. Faites bouillir. Mettez sur votre grain. Faites bouillir dedans. Que ce soit jaune.

Soringne
Eschaudés ou escorchiés vos anguilles et descouppés par tronçons et oingnons par reoulles et percil effueillié et frisiés tout en semble en huile prennés pain hallé et

*puree de pois ou eaue bouillie du vin plain coullés et metés en semble boullir prennés gingembre canelle girofle et **saffran** deffait de verjus et metés boullir aveques et ne soit pas trop liant et ait saveur bien aigre.*

Soringue
Échaudez ou dépecez vos anguilles. Découpez en tronçons, avec des oignons en rondelles, du persil effeuillé. Faites frire tout ensemble dans de l'huile. Prenez du pain grillé et de la purée de pois ou de l'eau bouillie, du vin pur. Faites-en un coulis. Faites bouillir ensemble. Prenez du gingembre, de la cannelle, des clous de girofle et du **safran** défait au verjus. Faites bouillir avec. Que ce ne soit pas trop épais et ait une saveur bien acide.

Civé d'oistres
*Eschaudés les tresbien frisiez en huile trempé en puré de pois ou en eaue et vin plain coullés puis gingembre canelle girofle graine de paradis et **saffran** deffaitez de vin aigre et oingnons fris en huile et faites bien boullir tout en semble et soit bien liant et jaunes et sallé apoint.*

Civet d'huîtres
Échaudez-les bien. Faites frire dans de l'huile. Faites tremper dans du bouillon de pois ou dans de l'eau ou du vain pur. Faites-en un coulis. Puis gingembre, cannelle, clous de girofle, maniguette, **safran**. Délayez avec du vinaigre et des oignons fris dans de l'huile. Faites bien bouillir tout ensemble. Que ce soit bien épais, jaune et salé à point.

Civé d'Almengne
*Des oeufs pochiés en huile et lait d'almendes boulli et oingnons par rouelles fris et boulli tout en semble affinés gingembre canelle girofle graine de paradis et **saffran** destrempé de verjus sans trop boulir soit bien liant et non trop jaune et la soupe a la moustarde comme devant qui veult.*

Civet d'Allemagne
Pochez des œufs dans de l'huile et du lait d'amandes bouilli et des oignons en rondelles, fris et bouillis tout ensemble. Affinez du gingembre, de la cannelle, des clous de girofle, de la maniguette et du **safran** mouillé de verjus, sans trop bouillir. Que ce soit bien épais et pas trop jaune. Avec de la soupe a la moutarde comme plus haut, si on veut.

Brouet d'oeufs et du fromage
*Prennés percil et sauge et bien pou de **saffran** en la verdure et pain trempé deffait de puree de pois et gingembre deffait de vin et metés boullir puis metés du fromage*

dedans les oeufs quant ils seront pochiés en eaue et soit liant vergay et aucuns y metent point de pain mais du lait d'almendes.

Brouet d'œufs et de fromage
Prenez du persil, de la sauge, un petit peu de **safran** dans de la verdure, du pain mouillé de bouillon de pois et de gingembre délayé dans du vin. Faites bouillir. Puis mettez du fromage dans les œufs quand ils seront pochés dans l'eau. Que ce soit épais, vergay. Certains n'y mettent pas de pain, mais du lait d'amandes.

Une saulce jaunete sur poisson froit ou chaut
Frit en huille sans farine. Brochet ou perche pellee frite en farine affinés almendes et y metés du vin le plus ou du verjus un pou d'eau coullez et faites bouillir prennés gingembre canelle girofle graine et **saffran** *deffaites de vostre boullon et metés boullir du succre avec et soit bien liant.*

Une sauce jaune sur du poisson froid ou chaud
Frit dans de l'huile sans farine. Brochet ou perche pelée frite dans la farine. Affinez les amandes. Mettez-y surtout du vin ou du verjus, un peu d'eau. Faites un coulis. Faites bouillir. Prenez du gingembre, de la cannelle, des clous de girofle, de la maniguette et du **safran**. Délayez avec vote bouillon. Faites bouillir du sucre avec. Que ce soit bien épais.

Porc de mer
Fendu au lonc par le dos puis cuite en eaue et coupés par lechiezs come venoison puis prennés du vin de l'eaue de vostre poisson affinés gingembre canelle graine poivre lonc et un pou de **saffran** *et faites bon boullon cleret et ne soit pas trop jaune et sert l'en come par maniere d'un entremés sus un Blanc mangier.*

Porc de mer
Fendu sur la longueur par le dos. Puis cuite dans de l'eau. Coupez en fines tranches comme du gibier. Puis prenez du vin, de l'eau de votre poisson. Affinez du gingembre, de la cannelle, de la maniguette, du poivre long et un peu de **safran**. Faites du bon bouillon clair. Qu'il ne soit pas trop jaune. On le sert comme une sorte d'entremets comme plus haut le blanc manger.

Pour faire flaons et tartes en quaresme
Prennés tenches lus carpes et almendes broiés tout ensemble et du **saffran** *pour un pou de couleur donner puis deffaictez de vin blanc et en faites vos flans et tartres puis sucrés par dessus quant ilz seront cuitez. Item en autre maniere prengnés anguilles et en ostés les testes et les getés et les queuez ossi et broiés bien le remanant avec* **saffran** *deffait d'un pou de vin blanc puis emplés vos flans et sucrés du sucre quand ils seront cuis.*

Pour faire des flans et des tartes en Carême
Prenez des tanches, des brochets, des carpes et des amandes. Broyez tout ensemble, avec du **safran** pour donner un peu de couleur. Défaites avec du vin blanc. Faites-en vos flancs et vos tartes. Puis sucrez par-dessus quand elles seront cuites. La même chose d'une autre manière : prenez des anguilles. Ôtez-en les têtes. Jetez-les, et les queues aussi. Écrasez bien le reste avec du **safran** défait d'un peu de vin blanc. Remplissez vos flans. Sucrez avec du sucre quand ils seront cuits.

Une saulce a garder poisson de mer
*Prennés pain percil et sauge salmonde vin aigre gingembre fleur de canelle poivre lonc girofle graine de paradis poudre de **saffran** et noix mugaites quant tout sera passé soit vergay et aucuns y metent la salmonde a tout la rassine.*

Une sauce pour accompagner le poisson de mer
Prenez du pain, du persil, de la sauge, de la salemonde, du vinaigre, du gingembre, de la fleur de cannelle, du poivre long, des clous de girofle, de la maniguette, de la poudre de **safran** et des noix de muscade. Quand tout sera passé, que ce soit vergay. Certains y mettent de la salemonde avec la racine.

Saulces boullues
*Poivre jaunet. Broiés gingembre **saffran** pain hallé et deffaites de vin aigre et faites boullir et aucuns y metent graine et girofle au verjus.*

Sauces bouillies
Poivre jaune. Broyez du gingembre, du **safran**, du pain grillé. Délayez de vinaigre. Faites bouillir. Certains y mettent de la graine et des clous de girofle. Au verjus.

Espices qui appartienent en cest present Viandier
*Premierement gingembre canelle girofle graine de paradis poivre lonc macis espices en poudre fleur de canelle **saffran** garingal noys mugaites.*

Épices qui appartiennent au présent Viandier
Premièrement, du gingembre, de la cannelle, des clous de girofle, de la maniguette, du poivre long, du macis, des épices en poudre, de la fleur de cannelle, du **safran**, du galanga, des noix de muscade.

Ces recettes de Taillevent parlent d'elles-mêmes quant à l'importance du safran qui était une épice majeure dans la cuisine médiévale.

LES TROIS PRINCIPALES RECETTES DE CUISINE COMPORTANT DU SAFRAN

Les livres de cuisine du monde entier font de la surenchère dans l'utilisation du safran dans ce « roi » des épices et universellement apprécié pour son pouvoir aromatique si identifiable et si puissant.

Dans le contexte particulier de cet ouvrage, je vais me contenter de citer les 3 grandes recettes traditionnelles comportant du safran :
- dans la cuisine française : la bouillabaisse
- dans la cuisine espagnole : la paella
- dans la cuisine italienne : le risotto

Bouillabaisse
Recette de Paul Bocuse

Ingrédients pour 10 personnes (cette bouillabaisse se sert pour un repas de fête, en famille, avec des amis, il faut être nombreux) :

1,500 kg de poissons de «»soupe»» (girelles, serrans, etc.)
1,500 kg de rascasses moyennes
1 kg de saint-pierre
4 vives
6 tranches de congre
3 grondins
6 tranches de baudroie
6 favouilles (étrilles)
2 poireaux
3 oignons moyens
5 gousses d'ail
6 tomates
1 petit piment de Cayenne
6 tiges de fenouil
6 branches de persil plat
1/2 feuille de laurier
1 brin de thym
1 morceau d'écorce d'orange
4 cuillerées à soupe d'huile d'olive
sel
poivre.
2 g de stigmates de safran

Pour la rouille :
40 cl d'huile d'olive
6 gousses d'ail
1 piment rouge frais
2 g de safran en poudre

Accompagnement :
10 pommes de terre
1 baguette de pain ou 2

- Rincer les poissons pour la soupe, ne pas les écailler.
- Éplucher les oignons, les poireaux et l'ail, les laver, les sécher.
- Couper les poireaux en grosses rondelles, émincer les oignons.
- Faire chauffer l'huile d'olive dans une marmite à fond large.
- Y faire revenir les oignons et les poireaux.
- Ajouter le persil, le fenouil, les gousses d'ail écrasées, le thym, les tomates lavées et coupées grossièrement, le laurier.
- Laisser mijoter 10 minutes.
- Ajouter les poissons de soupe.
- Assaisonner en sel, poivre, ajouter le piment.
- Laisser cuire 15 minutes en pressant avec une cuillère en bois afin d'obtenir une consistance de pâte.
- Verser 3 litres d'eau bouillante, écraser, et laisser bouillir 1 heure.
- Retirer les brins de fenouil, thym, laurier, et écorce d'orange.
- Passer cette soupe à la moulinette à grosse grille, puis à travers un chinois en pressant bien pour extraire tous les sucs.
- Ajouter le safran.
- Rectifier l'assaisonnement.
- Mettre les rondelles de pommes de terre au fond de la marmite, recouvrir de la soupe de poissons et mettre sur feu moyen.
- Laisser cuire 5 minutes, avant d'y mettre les poissons à pocher selon leur grosseur et la fermeté de leur chair pendant 10 minutes environ : en premier lieu la baudroie, puis dans l'ordre grondins, congre, rascasse, saint-pierre.
- Faire revenir les favouilles, à la poêle dans de l'huile d'olive.
- Couper le pain en rondelles d'1 cm, les faire sécher dans le four, les frotter d'ail.
- Préparer la rouille : éplucher les gousses d'ail, les mettre dans le mortier.
- Ajouter le piment épluché et coupé en morceaux, le sel, le poivre et le safran.
- Travailler bien au mortier de façon à obtenir une pommade.
- Lui incorporer une pomme de terre cuite, puis l'huile d'olive doucement comme pour monter une mayonnaise.
- Mettre la soupe de poissons dans une soupière, les poissons sur un plat de service.
- Ajouter les favouilles.
- Servir la rouille dans le mortier et les croûtons à part.»

Paëlla
Recette traditionnelle espagnole de la région de Valence

Ingrédients pour 6 personnes :

1 poulet de 1,5 kg coupé en morceaux
3 branches de persil
1 feuille de laurier
1 branche de marjolaine
1 oignon
500g de tomates
1 poivron rouge
1 poivron vert
250g de petits pois
36 moules
1c. à soupe d'huile d'olive
300g de riz à grain long
6 langoustines décortiquées
6 gambas
6 quartiers de citron
150g de chorizo
Sel
Poivre
1 gramme de poudre de safran

- Découper les ailes et les cuisses du poulet avant de séparer les blancs de la carcasse.
- Mettre la carcasse et les abattis dans une grande casserole avec le persil, le laurier, la marjolaine et assez d'eau pour recouvrir le tout.
- Saler et poivrer.
- Porter à ébullition, puis couvrir et diminuer le feu.
- Laisser cuire à petit bouillon 30 minutes environ.
- Filtrer le bouillon ainsi obtenu dans un chinois ou une passoire fine et le réserver.
- Pendant que le bouillon cuit, préparer les légumes et les crustacées.
- Peler les tomates, les couper en deux horizontalement, éliminer les graines.
- Nettoyer les poivrons en les débarrassant des graines et des cloisons intérieures, les laver et les couper en lanières.
- Écosser les petits pois.

- Nettoyer soigneusement les moules.
- Peler et émincer l'oignon.
- Dans une poêle à paella ou une grande sauteuse, faire chauffer l'huile à feu modéré.
- Mettre à dorer de tous les côtés les morceaux de poulet.
- Les retirer et les découper en morceaux plus petits.
- Dans l'huile restant dans la sauteuse, faire revenir l'oignon en remuant bien pendant 5 minutes.
- Remettre dans la poêle les morceaux de poulet.
- Ajouter tous les légumes ainsi que les moules et le chorizo coupé en rondelles.
- Mouiller avec le bouillon de façon que tous les ingrédients soient recouverts.
- Couvrir la poêle avec un grand couvercle ou une feuille d'aluminium.
- Faire cuire à feu doux 20 minutes ou jusqu'à ce que le bouillon soit absorbé et que le riz soit tendre, en remuant de temps en temps et en ajoutant si nécessaire un peu de bouillon ou à défaut, de l'eau.
- Retirer de la poêle les moules et les garder au chaud.
- Faire dissoudre le safran dans quelques cuillerées d'eau avant de l'incorporer au mélange.
- Disposer les moules sur le riz.
- Servir la paella dans sa poêle, après l'avoir garnie des langoustines, des gambas et des quartiers de citron.

Risotto au safran
Recette traditionnelle italienne de la région de Milan

Ingrédients pour 4 personnes

1 gros oignon blanc
5cl d'huile d'olive
250g de riz rond variété « Carnaroli »
5cl de vin blanc sec
1litre de bouillon de volaille (ou bouillon de légumes)
50g de parmesan râpé
50g de beurre
Sel
0,5g de pure poudre de safran

- Ciseler l'oignon et le faire suer dans l'huile d'olive à feu doux.
- Quand l'oignon devient translucide (il ne doit pas dorer) ajouter le vin blanc et le riz qui doit « nacrer » pendant 2 minutes à tout petit feu.
- Mouiller progressivement avec le bouillon préalablement chauffé.
- Faire cuire pendant 15 minutes à feu doux en remuant sans arrêt.
- Saler, et ajouter le safran 1 minute avant la fin de la cuisson.
- Terminer en incorporant le parmesan râpé et le beurre.
- Servir aussitôt (le risotto n'attend pas pour garder son moelleux).

LE SAFRAN, COMPOSANT DU FAMEUX ELIXIR DE LA GRANDE CHARTREUSE

L'ordre des « Chartreux a été fondé en 1084 par Bruno (qui sera canonisé Saint Bruno), professeur à l'école de la cathédrale de Reims qu'il quitta pour se retirer du monde dans la région de Grenoble, au cœur de la montagne appelée « Chartreuse », en un lieu sauvage surnommé le désert. Cet ordre contemplatif possède des règles simples : silence, prière, travail, humilité, pauvreté, fraternité.

En 1605, le Maréchal d'Estrées remit aux moines de ce monastère de Chartreuse un manuscrit révélant la formule d'un Élixir de Longue Vie. À cette époque, seuls les moines et les apothicaires possédaient les connaissances des plantes médicinales.
En 1611, le cardinal de Richelieu remercia le Révérend Père de la Chartreuse qui lui avait envoyé un remède l'ayant soulagé de ce qu'il appelait une « fâcheuse maladie ».
Puis en 1737, le monastère désormais nommé la « Grande chartreuse » fixa définitivement grâce au travail de son apothicaire, Frère Jérôme Maubec, la formule de *l'Élixir Végétal de la Grande Chartreuse*. Sa commercialisation était alors très limitée. C'est un membre du monastère, Frère Charles, qui allait le vendre à dos de mulet sur les marchés de Grenoble et de Chambéry.
La révolution française dispersa les moines. En 1793, par mesure de prudence, on fit une copie du précieux manuscrit que garda le seul religieux autorisé à rester au monastère. Arrêté, puis envoyé à Bordeaux, il trouva le moyen de faire passer le document hors de sa cellule, le confiant à un autre moine. Celui-ci pensant que l'ordre des Chartreux ne serait jamais rétabli après la révolution, il en concéda une copie à un pharmacien de Grenoble nommé Liotard.
En 1810, Napoléon décidant que les remèdes secrets devaient être soumis au ministre de l'intérieur pour être examinés afin d'être exploités par l'état, Liotard adressa le manuscrit au ministère qui le lui retourna avec la mention « Refusé ». À la mort du pharmacien, la copie revint au monastère de la Grande-Chartreuse que les moines avaient regagné en 1816.
En 1860, ils construisirent la distillerie de Fourvoirie proche du monastère. Mais ces bâtiments furent détruits en 1935 par un éboulement de terrain. La fabrication fut alors transférée à Voiron où elle est toujours effectuée, la sélection des plantes s'opérant à l'intérieur même du monastère.
Aujourd'hui comme hier, la formule reste un secret bien gardé.
Mises d'abord à macérer dans de l'alcool, les 130 plantes (dit-on) sont ensuite distillées. Les alcoolats produits sont ensuite additionnés de miel pour obtenir les deux liqueurs, verte et jaune, qui doivent longuement vieillir en fûts de chêne avant d'être commercialisées.

La liqueur « verte » est colorée avec de la chlorophylle naturelle.
La « jaune » avec du safran !
La commercialisation de ces liqueurs permet à la communauté de vivre et de continuer à prier dans le silence et la solitude, selon l'inspiration de Saint Bruno, fondateur de l'ordre. Seuls deux Frères Chartreux connaissent le nom des 130 plantes et savent comment les mélanger et les distiller.
La distillerie des Voirons, distante de 25 kilomètres du monastère, est ouverte au public. D'autres boissons alcoolisées y sont fabriquées : le génépi, l'eau de noix, des liqueurs de fruits et de la liqueur de gentiane.
L'élixir de la Grande-Chartreuse est réputé avoir d'excellentes propriétés digestives. Elle est toutefois à consommer avec modération (55°d'alcool) !

L'universalité du safran, que l'on retrouve également dans cette liqueur, n'est plus à démontrer. Ce crocus est une plante à nulle autre semblable.

ANNEXES
ÉTUDES CLINIQUES

Alternative aux médicaments antidépresseurs

Ethnopharmacol. 2005 Feb 28;97(2):281-4. Epub 2005 Jan 6.
Hydro-alcoholic extract of Crocus sativus L. versus fluoxetine in the treatment of mild to moderate depression: a double-blind, randomized pilot trial.
Noorbala AA, Akhondzadeh S, Tahmacebi-Pour N, Jamshidi AH.
Psychiatric Research Center, Roozbeh Hospital, Tehran University of Medical Sciences, South Kargar Avenue, Tehran, Iran.

BMC Complement Altern Med. 2004 Sep 2;4:12.
Comparison of Crocus sativus L. and imipramine in the treatment of mild to moderate depression: a pilot double-blind randomized trial.
Akhondzadeh S, Fallah-Pour H, Afkham K, Jamshidi AH, Khalighi-Cigaroudi F.
Psychiatric Research Center, Roozbeh Psychiatric Hospital, Tehran University of Medical Sciences, South Kargar Street, Tehran, Iran.

Phytomedicine. 2006 Nov;13(9-10):607-11. Epub 2006 Sep 18.
Crocus sativus L. (petal) in the treatment of mild-to-moderate depression: a double-blind, randomized and placebo-controlled trial.
Moshiri E, Basti AA, Noorbala AA, Jamshidi AH, Hesameddin Abbasi S, Akhondzadeh S.
Department of Anesthesiology, Arak University of Medical Sciences, Arak, and Pychiatric Research Center, Roozbeh Hospital, Tehran, Iran.

Prog Neuropsychopharmacol Biol Psychiatry. 2007 Mar 30;31(2):439-42. Epub 2006 Dec 15.
Comparison of petal of Crocus sativus L. and fluoxetine in the treatment of depressed ouwtpatients: a pilot double-blind randomized trial.
Akhondzadeh Basti A, Moshiri E, Noorbala AA, Jamshidi AH, Abbasi SH, Akhondzadeh S.
Department of Food Hygiene, Faculty of Veterinary Medicine, University of Tehran, Tehran, Iran.

School of Med. 2007 Aug;21(8):703-16.
Herbal medicines in the treatment of psychiatric disorders: a systematic review.
Sarris J.
School of Medicine, Department of Psychiatry, University of Queensland, Brisbane, Australia.

J Affect Disord. 2007 Jan;97(1-3):23-35. Epub 2006 Aug 22.
The evidence base of complementary and alternative therapies in depression.
Thachil AF, Mohan R, Bhugra D.
Kings College London, Section of Cultural Psychiatry, HSRD, PO: 25, Institute of Psychiatry, DeCrespigny Park, London SE5 8AF, UK.

Action relaxante

Pharm Pharmacol. 2006 Oct;58(10):1385-90.
Relaxant effect of Crocus sativus (saffron) on guinea-pig tracheal chains and its possible mechanisms.
Boskabady MH, Aslani MR.
Department of Physiology, Ghaem Medical Centre, Mashhad University of Medical Sciences, Mashhad, Iran.

Stimulation de la mémoire

Behav Brain Res. 2007 Nov 2;183(2):141-6. Epub 2007 Jun 12.
Effects of the active constituents of Crocus sativus L., crocins on recognition and spatial rats' memory.
Pitsikas N, Zisopoulou S, Tarantilis PA, Kanakis CD, Polissiou MG, Sakellaridis N.
Department of Pharmacology, School of Medicine, University of Thessaly, 22 Papakiriazi Str., 412-22 Larissa, Greece.

Autres actions bénéfiques sur le fonctionnement cérébral

J Pharm Sci. 2005 Aug 22;8(3):394-9.
Safranal, a constituent of Crocus sativus (saffron), attenuated cerebral ischemia induced oxidative damage in hippocampus.
Hosseinzadeh H, Sadeghnia HR.
Pharmaceutical Research Center, Faculty of Pharmacy, Mashhad University of Medical Sciences, Mashhad, Iran.

J Med Food. 2006 Summer;9(2):246-53.
Effect of Saffron (*Crocus sativus*) on neurobehavioral and neurochemical changes in cerebral ischemia in rats.
Saleem S, Ahmad M, Ahmad AS, Yousuf S, Ansari MA, Khan MB, Ishrat T, Islam F.
Neurotoxicology Laboratory, Department of Medical Elementology and Toxicology, Jamia Hamdard University, Hamdard Nagar, New Delhi, India.

J Pharm Sci. 2005 Aug 22;8(3):394-9.
Safranal, a constituent of Crocus sativus (saffron), attenuated cerebral ischemia induced oxidative damage in rat hippocampus.
Hosseinzadeh H, Sadeghnia HR.
Pharmaceutical Research Center, Faculty of Pharmacy, Mashhad University of Medical Sciences, Mashhad, Iran.

Biochim Biophys Acta. 2007 Apr;1770(4):578-84. Epub 2006 Dec 5.
Protective effects of carotenoids from saffron on neuronal injury in vitro and in vivo.
Ochiai T, Shimeno H, Mishima K, Iwasaki K, Fujiwara M, Tanaka H, Shoyama Y, Toda A, Eyanagi R, Soeda S.
Department of Biochemistry, Faculty of Pharmaceutical Sciences, Fukuoka University, 8-19-1 Nanakuma, Jonan-ku, Fukuoka 814-0180, Japan.

Action Anti-oxydante, Anti-radicalaire, Anti-vieillissement

Neurosci Lett. 2004 May 13;362(1):61-4.
Crocin prevents the death of rat pheochromyctoma (PC-12) cells by its antioxidant effects stronger than those of alpha-tocopherol.
Ochiai T, Ohno S, Soeda S, Tanaka H, Shoyama Y, Shimeno H.
Department of Biochemistry, Faculty of Pharmaceutical Sciences, Fukuoka University, 8-19-1 Nanakuma, Jonan-ku, Fukuoka 814-180, Japan.

Prikl Biokhim Mikrobiol. 2006 Jan-Feb;42(1):111-6.
Comparative study of superoxide dismutase activity assays in Crocus sativus L. corms.
Keyhani E, Keyhani J.
Institute for Biochemistry and Biophysics, University of Tehran, Iran.

J Food Prot. 2001 Sep;64(9):1412-9.
Antioxidant properties of Mediterranean spices compared with common food additives.
Martínez-Tomé M, Jiménez AM, Ruggieri S, Frega N, Strabbioli R, Murcia MA.
Department of Food Science, Veterinary Faculty, University of Murcia, Spain.

Mol Cell Biochem. 2005 Oct;278(1-2):59-63.
Inhibition of human platelet aggregation and membrane lipid peroxidation by food spice, saffron.
Jessie SW, Krishnakantha TP.

Department of Biochemistry and Nutrition, Central Food Technological Research Institute, Mysore, 570 020, India.

Phytother Res. 2005 Nov;19(11):997-1000.
Radical scavenging activity of Crocus sativus L. extract and its bioactive constituents.
Assimopoulou AN, Sinakos Z, Papageorgiou VP.
Organic Chemistry Laboratory, Department of Chemical Engineering, Aristotle University of Thessaloniki, Greece.

J Agric Food Chem. 2006 Nov 15;54(23):8762-8.
Inhibitory activity on amyloid-beta aggregation and antioxidant properties of Crocus sativus stigmas extract and its crocin constituents.
Papandreou MA, Kanakis CD, Polissiou MG, Efthimiopoulos S, Cordopatis P, Margarity M, Lamari FN.
Laboratory of Human & Animal Physiology, Department of Biology, University of Patras, Greece.

Biofactors. 1992 Dec;4(1):51-4.
Effect of saffron on thymocyte proliferation, intracellular glutathione levels and its antitumor activity.
Nair SC, Salomi MJ, Varghese CD, Panikkar B, Panikkar KR.
Amala Cancer Research Centre and Hospital, Trichur, Kerala, India.

Liposome encapsulation of saffron effectively enhanced its antitumor activity towards
Indian J Med Sci. 1998 May;52(5):205-7.
Antioxidant property of Saffron in man.
Verma SK, Bordia A.
Department of Medicine and Indigenous Drug Research Centre, RNT Medical College, Udaipur.

Action préventive des risques carviovasculaires

Phytomedicine. 2007 Apr;14(4):256-62. Epub 2006 May 16.
Protective effect of safranal on pentylenetetrazol-induced seizures, involvement of GABAergic and opioids systems.
Hosseinzadeh H, Sadeghnia HR.
Faculty of Pharmacy, Pharmaceutical Research Center, Mashhad University of Medical Sciences, Mashhad, Iran.

Fitoterapia. 2005 Dec;76(7-8):722-4. Epub 2005 Oct 25.
Anticonvulsant evaluation of safranal and crocin from Crocus sativus in mice.
Hosseinzadeh H, Talebzadeh F.
Pharmaceutical Research Center, Faculty of Pharmacy, Mashad University of Medical Sciences, Mashhad, Iran.

Phytother Res. 2007 Dec 4;22(3):330-334
Effect of aqueous-ethanol extract from Crocus sativus (saffron) on guinea-pig isolated heart.
Boskabady MH, Shafei MN, Shakiba A, Sefidi HS.
Department of Physiology and Pharmacological Research Center of Medicinal Plants, Ghaem Medical Centre, Mashhad University of Medical Sciences, Mashhad, Iran.

Pharmazie. 2006 Apr;61(4):348-52.
Effects of crocetin on antioxidant enzymatic activities in cardiac hypertrophy induced by norepinephrine in rats.
Shen XC, Qian ZY.
Research Division of Basic and Clinical Pharmacology, Guiyang Medical College, Guiyang, PR China.

Action en cas de diabète

J Nutr Biochem. 2007 Jan;18(1):64-72. Epub 2006 May 19.
Beneficial impact of crocetin, a carotenoid from saffron, on insulin sensitivity in fructose-fed rats.
Xi L, Qian Z, Xu G, Zheng S, Sun S, Wen N, Sheng L, Shi Y, Zhang Y.
Department of Pharmacology, China Pharmaceutical University, Nanjing 210009, PR China.

Action aphrodisiaque

Phytomedicine. 2007 Oct 23
The effect of saffron, Crocus sativus stigma, extract and its constituents, safranal and crocin on sexual behaviors in normal male rats.
Hosseinzadeh H, Ziaee T, Sadeghi A.
Pharmacology and Toxicology Department, Pharmaceutical Research Center, Faculty of Pharmacy, Mashhad University of Medical Sciences, Iran.

Action dans le syndrome premenstruel

BJOG. 2008 Mar;115(4):515-9.
Crocus sativus L. (saffron) in the treatment of premenstrual syndrome : a double-blind, randomised and placebo-controlled trial.
Agha-Hosseini M, Kashani L, Aleyaseen A, Ghoreishi A, Rahmanpour H, Zarrinara AR, Akhondzadeh S.
Infertility Center of Dr Shariati Hospital, Vali Asr Reproductive Health Research Center, Tehran University of Medical Sciences, Tehran, Iran.

Action contre la toux

Fitoterapia. 2006 Sep;77(6):446-8. Epub 2006 May 24.
Evaluation of the antitussive effect of stigma and petals of saffron (Crocus sativus) and its components, safranal and crocin in guinea pigs.
Hosseinzadeh H, Ghenaati J.
Pharmacology and Toxicology Department, Pharmaceutical Research Center, Faculty of Pharmacy, Mashhad University of Medical Sciences, Mashhad, Iran.

Action sur la membrane rétinienne

Invest Ophthalmol Vis Sci. 2006 Jul;47(7):3156-63.
Protective effect of crocin against blue light- and white light-mediated photoreceptor cell death in bovine and primate retinal primary cell culture.
Laabich A, Vissvesvaran GP, Lieu KL, Murata K, McGinn TE, Manmoto CC, Sinclair JR, Karliga I, Leung DW, Fawzi A, Kubota R.
Acucela Inc., Seattle, Washington 98103, USA.

Etudes générales

Wien Med Wochenschr. 2007;157(13-14):315-9.
Saffron in phytotherapy: pharmacology and clinical uses.
Schmidt M, Betti G, Hensel A.
Herbresearch Germany, Tussenhausen, Germany.

Crit Rev Food Sci Nutr. 2004;44(3):155-72.
Crocetin from saffron: an active component of an ancient spice.
Giaccio M.
Dipartimento di Scienze, Università «G. d'Annunzio» Chieti-Pescara, Viale Pindaro, 42, 65127 Pescara, Italy.

Perspect Biol Med. 2004 Spring;47(2):199-226.
Therapy with saffron and the goddess at Thera.
Ferrence SC, Bendersky G.
Department of Art History, Temple University, Philadelphia, USA.

J Ethnopharmacol. 2007 Mar 21;110(2):275-93. Epub 2006 Oct 18.
Drugs held and sold by pharmacists of the Jewish community of medieval (11-14th centuries) Cairo according to lists of materia medica found at the Taylor-Schechter Genizah collection, Cambridge.
Lev E.
Department of Eretz Israel Studies and School of Public Health, University of Haifa, Haifa, Israel.

Phytomedicine. 2007 Sep;14(9):633-6. Epub 2007 Jan 9.
Pharmacokinetic properties of crocin (crocetin digentiobiose ester) following oral administration in rats.
Xi L, Qian Z, Du P, Fu J.
Department of Pharmacology, China Pharmaceutical University, PO Box 46, 24 Tongjia Xiang, Nanjing 210009, PR China.

Etudes et recherches concernant le cancer

Cancer Lett. 1996 Feb 27;100(1-2):23-30.
Crocin, safranal and picrocrocin from saffron (Crocus sativus L.) inhibit the growth of human cancer cells in vitro.
Escribano J, Alonso GL, Coca-Prados M, Fernandez JA.
Sección de Biotecnología, Instituto de Desarrollo Regional, Universidad de Castilla-La Mancha, Albacete, Spain.

Exp Oncol. 2007 Sep;29(3):175-80.
Crocin from Crocus sativus possesses significant anti-proliferation effects on human colorectal cancer cells.
Aung HH, Wang CZ, Ni M, Fishbein A, Mehendale SR, Xie JT, Shoyama CY, Yuan CS.
Tang Center for Herbal Medicine Research, The Pritzker School of Medicine, University of Chicago, Chicago, IL 60637, USA.

Nutr Cancer. 1999;35(2):120-6.
Effects of long-term treatment of colon adenocarcinoma with crocin, a carotenoid from saffron (Crocus sativus L.): an experimental study in the rat.
García-Olmo DC, Riese HH, Escribano J, Ontañón J, Fernandez JA, Atiénzar M, García-Olmo D.
Experimental Research Unit, Albacete General Hospital, Spain.

Rev Invest Clin. 2002 Sep-Oct;54(5):430-6.
In vitro evaluation of the chemopreventive potential of saffron
Abdullaev Jafarova F, Caballero-Ortega H, Riverón-Negrete L, Pereda-Miranda R, Rivera-Luna R, Manuel Hernández J, Pérez-López I, Espinosa-Aguirre JJ.
Departamento de Farmacia, Facultad de Química, Mexico.

Toxicol in Vitro. 2003 Oct-Dec;17(5-6):731-6.
Use of in vitro assays to assess the potential antigenotoxic and cytotoxic effects of saffron (Crocus sativus L.).
Abdullaev FI, Riverón-Negrete L, Caballero-Ortega H, Manuel Hernández J, Pérez-López I, Pereda-Miranda R, Espinosa-Aguirre JJ.
Instituto Nacional de Pediatría (National Institute of Pediatrics), Avenida del Imán # 1, Torre de Investigación, 6o piso, 04530 México DF, Mexico.

Hum Exp Toxicol. 2006 Feb;25(2):79-84.
Protective effect of saffron (Crocus sativus L.) aqueous extract against genetic damage induced by anti-tumor agents in mice.
Premkumar K, Thirunavukkarasu C, Abraham SK, Santhiya ST, Ramesh A.
Department of Genetics, Dr. ALM Post Graduate Institute of Basic Medical Sciences, University of Madras, Taramani, Chennai 600-113, India.

DNA Cell Biol. 2007 Aug;26(8):533-40.
Interaction of saffron carotenoids as anticancer compounds with ctDNA, Oligo (dG.dC)15, and Oligo (dA.dT)15.
Bathaie SZ, Bolhasani A, Hoshyar R, Ranjbar B, Sabouni F, Moosavi-Movahedi AA.
Department of Clinical Biochemistry, Faculty of Medical Sciences, Tarbiat Modares University, Tehran, Iran.

Anticancer Res. 2007 Jan-Feb;27(1A):357-62.
Inhibition of breast cancer cell proliferation by style constituents of different Crocus species.
Chryssanthi DG, Lamari FN, Iatrou G, Pylara A, Karamanos NK, Cordopatis P.
Laboratory of Pharmacognosy and Chemistry of Natural Products, University of Patras, 26500 Rio, Greece.

DNA Cell Biol. 2007 Jan;26(1):63-70.
DNA interaction with saffron's secondary metabolites safranal, crocetin, and dimethylcrocetin.
Kanakis CD, Tarantilis PA, Tajmir-Riahi HA, Polissiou MG.
Laboratory of Chemistry, Department of Science, Agricultural University of Athens, Athens, Greece.

Mol Cell Biochem. 2006 Jul;287(1-2):127-35. Epub 2006 May 10.
Antitumour activity of crocetin in accordance to tumor incidence, antioxidant status, drug metabolizing enzymes and histopathological studies.
Magesh V, Singh JP, Selvendiran K, Ekambaram G, Sakthisekaran D.
Department of Medical Biochemistry, University of Madras, Chennai, India.

Hum Exp Toxicol. 2006 Feb;25(2):79-84.
Protective effect of saffron (Crocus sativus L.) aqueous extract against genetic damage induced by anti-tumor agents in mice.
Premkumar K, Thirunavukkarasu C, Abraham SK, Santhiya ST, Ramesh A.
Department of Genetics, Dr. ALM Post Graduate Institute of Basic Medical Sciences, University of Madras, Taramani, Chennai 600-113, India.

Mol Cell Biochem. 2005 Oct;278(1-2):59-63.
Inhibition of human platelet aggregation and membrane lipid peroxidation by food spice, saffron.
Jessie SW, Krishnakantha TP.
Department of Biochemistry and Nutrition, Central Food Technological Research Institute, Mysore, 570 020, India.

Cancer Detect Prev. 2004;28(6):426-32.
Biomedical properties of saffron and its potential use in cancer therapy and chemoprevention trials.
Abdullaev FI, Espinosa-Aguirre JJ.
Laboratorio Oncología Experimental, Instituto Nacional de Pediatría, Avenida Imán # 1 Torre de Investigación, 04530 México D.F., México.

Asian Pac J Cancer Pre,v. 2004 Jan-Mar;5(1):70-6.
Saffron can prevent chemically induced skin carcinogenesis in Swiss albino mice.
Das I, Chakrabarty RN, Das S.
Department of Cancer Chemoprevention, Chittaranjan National Cancer Institute, Kolkata-700026, India.

Zhongguo Zhong Yao Za Zhi. 2002 Aug;27(8):565-8.
Studies on the pharmacological effects of saffron (Crocus sativus L.).
Deng Y, Guo ZG, Zeng ZL, Wang Z.
Dept. of Chemical Engineering, Tsinghua University, Beijing 100084, China.

Rev Invest Clin. 2002 Sep-Oct;54(5):430-6.
In vitro evaluation of the chemopreventive potential of saffron.
Abdullaev Jafarova F, Caballero-Ortega H, Riverón-Negrete L, Pereda-Miranda R, Rivera-Luna R, Manuel Hernández J, Pérez-López I, Espinosa-Aguirre JJ.
Departamento de Farmacia, Facultad de Química, UNAM, Mexico.

Exp Biol Med (Maywood). 2002 Jan;227(1):20-5.
Cancer chemopreventive and tumoricidal properties of saffron (Crocus sativus L.).
Abdullaev FI.
Laboratory of Experimental Oncology, National Institute of Pediatrics, Mexico City 04530, Mexico.

Anticancer Res. 2000 Mar-Apr;20(2A):861-7.
Membrane associated antitumor effects of crocine-, ginsenoside and cannabinoid derivates.
Molnár J, Szabó D, Pusztai R, Mucsi I, Berek L, Ocsovszki I, Kawata E, Shoyama Y.
Institute of Microbiology, Albert Szent-Gyorgyi Medical University, Szeged, Hungary.

Nutr Cancer. 1999;35(2):120-6.
Effects of long-term treatment of colon adenocarcinoma with crocin, a carotenoid from saffron (Crocus sativus L.): an experimental study in the rat.
García-Olmo DC, Riese HH, Escribano J, Ontañón J, Fernandez JA, Atiénzar M, García-Olmo D.
Experimental Research Unit, Albacete General Hospital, Spain.

Cancer Lett. 1996 Feb 27;100(1-2):23-30.
Crocin, safranal and picrocrocin from saffron (Crocus sativus L.) inhibit the growth of human cancer cells in vitro.
Escribano J, Alonso GL, Coca-Prados M, Fernandez JA.
Sección de Biotecnología, Instituto de Desarrollo Regional, Universidad de Castilla-La Mancha, Albacete, Spain.

Cancer Biother. 1995 Winter;10(4):257-64.
Saffron chemoprevention in biology and medicine: a review.
Nair SC, Kurumboor SK, Hasegawa JH.
University of Nebraska Medical Center, Eppley Institute for Cancer Research and Allied Diseases, Omaha 68198-6260, USA.

Anticancer Res. 1994 Sep-Oct;14(5A):1913-8.
Inhibition of growth and induction of differentiation of promyelocytic leukemia (HL-60) by carotenoids from Crocus sativus L.
Tarantilis PA, Morjani H, Polissiou M, Manfait M.
Agricultural University of Athens, Department of General Sciences, Greece.

Biofactors. 1992 Dec;4(1):43-5.
The effect of saffron on intracellular DNA, RNA and protein synthesis in malignant and non-malignant human cells.
Abdullaev FI, Frenkel GD.
Laboratory of Genome Biochemistry, Institute of Botany, Baku, Azerbaijan.

Cancer Lett. 1991 May 1;57(2):109-14.
Antitumour activity of saffron (Crocus sativus).
Nair SC, Pannikar B, Panikkar KR.
Amala Cancer Research Centre, Kerala, India.

Nutr Cancer. 1991;16(1):67-72.
Inhibitory effects of Nigella sativa and saffron (Crocus sativus) on chemical carcinogenesis in mice.
Salomi MJ, Nair SC, Panikkar KR.
Amala Cancer Research Centre, Kerala, India.

Remerciements

« À Véronique pour son aide précieuse,
Jacqueline pour la mise en beauté du livre
et à Jean-Luc. »

« À Valérie Vrinat qui nous a transportés
le temps d'une préface dans l'univers subtil
des plaisirs de la table. »

Merci à ce merveilleux pistil de safran
qui m'a donné tant d'émotions et de joies.

Eric FAVRE

Et du même auteur

En Avril 1999, son premier livre **« Mincir Nature »** est publié aux éditions LPM. Il y explique notamment la méthode Lipodrainage qui a convaincu des millions de personnes en Europe.

En Janvier 2000, à la suite d'un voyage aux Etats-Unis au cours duquel il découvre une nouvelle méthode d'amincissement utilisée en milieu hospitalier, il publie **« La Soupe Minceur »**. (LPM) C'est un véritable succès libraire.

En Mai 2000, sort **« La phytothérapie – phytonutrition. Mes secrets nature au quotidien »**.(LPM) Lorsque Eric FAVRE écrit ce livre, c'est en hommage à son grand-père, décédé un an auparavant, avec qui il a appris très jeune le secret des plantes.

En Mai et décembre 2000, sortent successivement **« Le Petit Guide des vacances au soleil »** et **« Le Petit guide de la Coloration »** (LPM), dans lesquels Eric FAVRE livrent des petits conseils judicieux.

En 2001, aboutit un de ses très chers projets : sensibiliser les enfants à la nature et à ce qu'elle renferme. En collaboration avec Les Portes du Monde, il crée la collection Les 3 Chênes, une façon ludique et imagée de traiter de sujets très sérieux. Le premier ouvrage de la collection s'intitule **« Miel Alors ! »**.

En 2002, réédition de **Mincir Nature**

En juin 2003, sort **« Un bien pour un Mâle »**, des conseils pratiques de beauté et de bien-être pour les hommes d'aujourd'hui. Préface Alexandra Bronkers. Jacques-Marie Laffont Editions.

En mai 2007, il publie **« 8 jours pour maigrir »** .

En avril 2008, il publie **« Nutristhétique, Nombre d'Or et Divines Proportions »** aux éditions Tribal Emotion.

Adresses utiles

ERIC FAVRE® wellness

3 chemin du tremblay
69 250 Albigny sur Saône
Tel : 04 72 08 68 71
ericfavrewellness.com

Liberteam

3 chemin du tremblay
69 250 Albigny sur Saône
Tel 04 72 08 68 78
info@liberteam.com

---

3 CHÊNES
Créateur de bien-être

Laboratoire les 3 Chênes

69 770 Villecheneve
Service consommateur : 0 826 104 804 (0,15€/minute)
www.3chenes.fr

Imprimé en France

Impression, Brochage
IMPRIMERIE CHIRAT
42540 ST-JUST-LA-PENDUE

Cet ouvrage est imprimé, pour l'intérieur et la couverture, sur de l'Hannoart silk fabriqué par SAPPI et distribué par Papeteries de France,
Papiers fabriqués à partir de bois issus de forêts gérées durablement